新时代智库出版的领跑者

国家智库报告 2024（12）
National Think Tank
经 济

中国绿色创新指数研究报告（2022）

孙博文 著

RESEARCH REPORT OF CHINA GREEN INNOVATION INDEX (CGII) (2022)

中国社会科学出版社

图书在版编目(CIP)数据

中国绿色创新指数研究报告 . 2022 / 孙博文著 . —北京：中国社会科学出版社，2024.4

（国家智库报告）

ISBN 978 – 7 – 5227 – 3245 – 9

Ⅰ.①中… Ⅱ.①孙… Ⅲ.①绿色经济—经济发展—研究报告—中国—2022 Ⅳ.①F124.5

中国国家版本馆 CIP 数据核字(2024)第 051759 号

出 版 人	赵剑英	
责任编辑	黄　晗	
责任校对	李　莉	
责任印制	李寡寡	

出　　版	中国社会科学出版社	
社　　址	北京鼓楼西大街甲 158 号	
邮　　编	100720	
网　　址	http://www.csspw.cn	
发 行 部	010 – 84083685	
门 市 部	010 – 84029450	
经　　销	新华书店及其他书店	
印　　刷	北京君升印刷有限公司	
装　　订	廊坊市广阳区广增装订厂	
版　　次	2024 年 4 月第 1 版	
印　　次	2024 年 4 月第 1 次印刷	
开　　本	787×1092　1/16	
印　　张	11.5	
插　　页	2	
字　　数	151 千字	
定　　价	68.00 元	

凡购买中国社会科学出版社图书，如有质量问题请与本社营销中心联系调换

电话：010 – 84083683

版权所有　侵权必究

摘要：绿色创新是新发展理念的有机构成，既强调绿色发展必须通过创新驱动来实现，又强调创新发展必须以生态环境治理改善为基调和底色。绿色创新既包括绿色技术创新，也包含绿色制度创新，深刻体现了生产力与生产关系的辩证统一属性。有别于既有侧重于绿色技术创新评估的研究，本报告构建包括绿色技术创新能力、绿色技术创新辐射力、绿色创新制度支撑力在内的中国绿色创新指数评价指标体系。这一做法，不仅能够从绿色技术能力基础、绿色技术影响力以及绿色技术创新动力等多个维度完整评价绿色创新综合水平，还有助于揭示中国各地区绿色创新基础水平、地区差距、合作网络特征以及制度保障能力等问题，并为消除地区绿色创新差距、构建绿色创新长效合作机制、协同促进"双碳"目标实现以及推动绿色发展等提供重要决策支撑。参照世界知识产权组织（WIPO）绿色专利清单及国家知识产权局《绿色低碳技术专利分类体系》标准，基于中国知网（CNKI）专利数据总库和中国研究数据服务平台（CNRDS）等数据库，本报告对2006—2021年中国318个城市绿色创新指数进行评价。为简化分析，根据公开的城市绿色发明专利申请数量选择100个重要城市（简称"绿创百城"）开展深入分析。

对中国城市绿色创新指数及绿色技术创新能力、绿色技术创新辐射力、绿色创新制度支撑力"三力"结构分析发现：(1) 绿色创新指数方面，中国各城市绿色创新水平普遍提升。北京始终居首，已经成为名副其实的全国绿色创新中心。城市绿色创新逐渐从"中心—外围"向均衡发展格局演变，具有明显的空间收敛特征。除高水平R&D资金和人员投入外，经济与人口规模效应、城市群集聚效应也是重要驱动因素。(2) 绿色技术创新能力方面，各城市创新能力普遍提升。分解指标可知，绿色发明专利数量快速增加，并且绿色发明专利占总绿色专利的比重不断提升，创新结构的绿色化转型正在深入推进。绿色创新逐步从"数量型"向"质量型"转变，随着专利审查监督趋严，绿色发明专利申请授权率波动下降，实用新型专利占比也不断下降。技术交易市场不断发育成熟，城市内专利权转让数量快速增加。七大类专利申请数量中，能源类居于主导地位，废弃物管理类稳占三成，核电类最低。（3）绿色技术创新辐射力方面，城市辐射力普遍增加且中心城市发挥辐射引领作用。绿色创新研发合作网络不断完善，创新合作广度不断加深，但合作强度有待进一步提升。城市合作长效机制不断健全，但仍有诸多节点城市未建立稳固合作关系。随着城市间技术转移数量不断增长，全国性的技术交易市场正在形成。绿色创新影响力具有空间局限性，依然以局部影响为主、全国影响力不足。（4）绿色创新制度支撑力方面，各地区稳步提升、但空间差异明显，东部和中部地区明显高于西部和东北地区。党的十八大以来，绿色创新制度与政策加力提效，为绿色创新水平提升提供强大保障。绿色创新制度效率在不同地区差异明显，创新激励及环境政策执行尚存提升空间。

本报告从提升绿色技术研发投入水平、发挥中心城市辐射带动作用、打造绿色创新产业集群、强化绿色技术专利质量审查、构建绿色技术协同创新机制、积极培育绿色技术交易市场以及持续优化绿色技术创新环境七个方面提出了提升中国绿色创新水平对策建议。

关键词：绿色创新指数；绿色技术创新能力；绿色技术创新辐射力；绿色创新制度支撑力

Abstract: Green innovation is an integral part of the new development philosophy, emphasizing both the need to achieve green development through innovation-driven efforts and the need for innovation development to prioritize environmental and ecological governance and improvement. Green innovation includes both green technology innovation and green institutional innovation, reflecting the dialectical and unified attributes of productivity and production relations. Different from existing research that focuses on evaluating green technology innovation, this report constructs an evaluation index system for China's green innovation index, including green technology innovation ability, green technology innovation radiation power, and green innovation institutional support. This can not only comprehensively evaluate the comprehensive level of green innovation from multiple dimensions such as green technological capabilities, green technological influence, and green technological innovation motivation, but also reveal issues such as the basic level of green innovation in various regions in China, regional disparities, characteristics of cooperation networks, and institutional support capabilities. It also provides important decision-making support for eliminating regional disparities in green innovation, establishing long-term cooperation mechanisms for green innovation, promoting the "double carbon" goal and promoting green development. Based on the WIPO green patent list and the National Intellectual Property Administration's "green low-carbon technology patent classification system", this report evaluates the green innovation index of 318 cities in China using databases such as CNK and CNRDS from 2006 to 2021. To simplify the analysis, 100 important cities (referred to as "green-tech hundred cities") are selected for in-depth analysis based on the number of public green invention patents applied for.

Structural analysis of China's urban green innovation index and three forces: green technology innovation ability, green technology innovation radiation power, and green innovation institutional supports-how that: (1) In terms of the green innovation index, the level of green innovation in Chinese cities has generally improved. Beijing has always ranked first and has become a veritable national hub of green innovation. Urban green innovation gradually evolved from a "center-periphery" to a balanced development pattern, with obvious spatial convergence characteristics. In addition to high levels of R&D funding and personnel investment, economic and population size effects and urban agglomeration effects are also important driving factors. (2) In terms of green technology innovation ability, the innovation capabilities of various cities have generally improved. It can be seen from the decomposition index that the number of green invention patents is increasing rapidly, and the proportion of green invention patents to total green patents is constantly increasing. The green transformation of the innovation structure is being further promoted. Green innovation is gradually shifting from a "quantity-oriented" to a "quality-oriented" model. With stricter patent review supervision, the application authorization rate for green invention patents has shown a downward trend. The proportion of utility model patents has also been decreasing. The technology trading market has continued to mature, with a rapid increase in the number of patent rights transfers within cities. For the number of patent applications in seven categories according to WIPO standards, energy patent ranks as the dominant category, followed by waste management patent accounting for 30% and nuclear power patent being the lowest. (3) In terms of green technology innovation radiation power, urban radiation power has generally increased and central cities play a leading role in radiation. The research and development cooperation network for green innovation continues to improve, with an increasing depth in cooperation breadth but still room for further improvement in cooperation intensity. Long-term cooperation mechanisms have been constantly improved among cities, but many nodal cities still lack solid cooperation relationships. With the continuous increase in the number of inter-city technology transfers, a national technology trading market is taking shape. Green innovation influence has a spatial limit and still mainly affects local areas rather than the whole country. (4) In terms of green innovation institutional support, all regions have steadily improved but there are significant spatial differences with the eastern and central regions being higher than the western and northeast regions. Since the 18th National Congress of the Communist Party of China, green innovation institutions and policies have been strengthened to provide strong support for improving the level of green innovation. There are obvious differences in the efficiency of green innovation institutions among different regions, and there is still room for improving policy implementation related to environmental incentives and policies.

This report proposes seven countermeasures to improve China's level of green innovation: increasing investment in green technology research and development; playing a leading role in radiation-driven by central cities; building clusters of green innovative industries; strengthening quality review of green technology patents; establishing a mechanism for collaborative green technology innovation; and actively cultivating green technology trading markets while continuously optimizing the environment for green technological innovation.

Key Words: Green Innovation Index; Green Technology Innovation Ability; Green Technology Innovation Radiation Power; Green Innovation System Support

目 录

一 研究背景与意义 ………………………………………… (1)
  （一）贯彻新发展理念的重要抓手 ………………………… (2)
  （二）构建新发展格局的强大动能 ………………………… (3)
  （三）促进高质量发展的关键举措 ………………………… (4)
  （四）推动空间均衡发展有效途径 ………………………… (5)
  （五）实现"双碳"目标的必由之路 ……………………… (6)
  （六）全球可持续发展的动力支撑 ………………………… (7)

二 中国绿色创新指数评价指标体系 …………………… (10)
  （一）指标遴选的基本原则 ………………………………… (12)
  （二）评价体系与指标说明 ………………………………… (12)
  （三）权重赋值与得分计算 ………………………………… (20)
  （四）数据来源与技术标准 ………………………………… (22)
  （五）研究对象选择与说明 ………………………………… (30)

三 中国绿色创新指数演化特征 ………………………… (35)
  （一）北京始终居首，已经成为名副其实的全国绿色
       创新中心 ……………………………………………… (35)
  （二）空间差异较大，逐渐从"中心—外围"向均衡
       发展格局演变 ………………………………………… (48)

（三）高投入高产出，高水平研发资金与人员投入
　　　形成有效支撑 ………………………………………（56）
（四）集中优势显著，规模效应与集聚效应提供
　　　长效动力支持 ………………………………………（57）

四 中国绿色创新指数结构及分解特征 ………………………（64）
（一）总体结构特征 ……………………………………………（64）
（二）绿色技术创新能力 ………………………………………（68）
（三）绿色技术创新辐射力 ……………………………………（88）
（四）绿色创新制度支撑力 ……………………………………（107）

五 提升中国绿色创新水平对策建议 …………………………（122）
（一）提升绿色技术研发投入水平 ……………………………（123）
（二）发挥中心城市辐射带动作用 ……………………………（124）
（三）打造一批绿色创新产业集群 ……………………………（125）
（四）强化绿色技术专利质量审查 ……………………………（126）
（五）构建绿色技术协同创新机制 ……………………………（128）
（六）积极培育绿色技术交易市场 ……………………………（130）
（七）持续优化绿色技术创新环境 ……………………………（131）

附　录 …………………………………………………………（135）

参考文献 ………………………………………………………（172）

一　研究背景与意义[*]

党的二十大报告指出，中国式现代化是人与自然和谐共生的现代化。这充分体现了我们党对现代化的认识达到新高度，对推动形成人与自然和谐共生的现代化建设新格局，以中国式现代化全面推进中华民族伟大复兴具有重要意义。习近平同志在庆祝中国共产党成立100周年大会上作重要讲话时强调，在新的征程上必须"完整、准确、全面贯彻新发展理念，构建新发展格局，推动高质量发展"，这一论述对中国未来如何推动高质量发展作出了明确指示，具有十分重要的指导意义。大力推进绿色创新无疑是与这一重要指示高度契合的战略路径选择，是新发展理念的实践表达，也必将为中国生态文明战略深入推进以及人与自然和谐共生现代化建设提供强大动力支撑。绿色创新的科学内涵具有与时俱进的特征，从全球可持续发展的大趋势出发，特别是考虑到中国建设人与自然和谐共生的现代化的需要，绿色创新可作如下理解：在经济发展过程中，以减少生态环境负面影响、实现和增加生态环境价值、提高生态环境效率为出发点，并最终能够发挥上述功能的技术、组织、社会和体制方面的创新，融合了技术创新与制度创新的双重要求，体现了生产力与生产关系的辩证统一属性。鉴于此，大力提升中国绿色创新水平具有重大现实意义。

---

[*] 本部分作者为张友国，研究员，中国社会科学院数量经济与技术经济研究所副所长。

（一）贯彻新发展理念的重要抓手

随着中国特色社会主义进入新时代、中国经济发展呈现新常态，党的十八届五中全会提出了指导中国中长期发展的新发展理念，即创新、协调、绿色、开放、共享。绿色创新所具有的一系列独特属性，使其成为完整、准确、全面贯彻新发展理念的重要抓手。

绿色创新在字面上就直接体现了绿色和创新两大发展理念，并将两大理念有机统一起来，既强调绿色发展必须通过创新驱动来实现，又强调创新发展必须以生态环境治理改善为基调和底色。

协调理念在绿色创新中的反映至少可从三个方面理解：一是绿色创新本身就是绿色发展与创新发展的协调；二是绿色创新必将推动经济发展与生态环境保护的协调，推进人与自然和谐共生；三是高效推进绿色创新离不开区域间、部门间的协调，离不开不同政策间的协调。

绿色创新不仅强调自主创新，也强调对国际先进技术和经验的学习和引进，这就要求坚持开放发展理念。同时，不断提升的绿色创新能力又能很好地提升国家整体竞争力，从而十分有助于促进对外开放水平的全面提高。

习近平同志指出"良好生态环境是最公平的公共产品，是最普惠的民生福祉"[1]，而绿色创新的基本特征之一就是能极大地改善生态环境质量，继而产生巨大的正外部性，这无疑是对共享发展理念的深入贯彻落实。进一步，任何个体在绿色创新中所创造的知识和技艺同样具有正外部性，能够为其他个体所借鉴、吸收和利用。

---

[1] 中共中央宣传部、中华人民共和国生态环境部：《习近平生态文明思想学习纲要》，学习出版社、人民出版社2022年版，第35页。

因此，绿色创新集中体现了新发展理念，大力推进绿色创新既是贯彻新发展理念的重要抓手，又是贯彻新发展理念的必然要求。

（二）构建新发展格局的强大动能

作为创新的一个重大而特殊的领域，绿色创新能够有效推进供给侧结构性改革，继而为构建新发展格局提供强大动能。"以国内大循环为主体、国内国际双循环相互促进"是构建新发展格局的根本要求或目标。把扩大国内需求与供给侧结构性改革有机结合起来是畅通国内大循环的关键。新时代要有效扩大国内需求，就必须满足人民日益增长的美好生活需要。这就必须以创新驱动供给侧结构性改革，创造出高质量产品和服务，从而提高供给与国内需求的适配性。

通过绿色创新优化供给结构，不仅能够保护和不断改善生态环境质量，也可以创造出大量有益于人民身心健康的绿色、健康、安全产品和服务，如生态有机食物、无害洗涤用品、节能环保厨具、新能源汽车、生态旅游服务等，从而有效扩大内需。同时，不断提升的绿色创新水平，既有利于中国吸引更加高端的国外资源要素流入以助推国内大循环，也有利于优化贸易结构而促进中国的贸易强国建设。特别是在构建人类命运共同体方面，绿色创新更是有着不可替代的支撑作用，因而大力加强绿色创新十分有助于中国积极融入全球创新网络，继而有效地推动国内国际双循环相互促进。此外，对绿色创新潜在的巨大市场需求，也使绿色创新逐渐成为投资的重要领域，从而能有效带动投资结构的优化。

绿色创新为构建新发展格局提供强力支撑的同时，构建新发展格局也为绿色创新创造了战略机遇。各地都应加强绿色创新以适应构建新发展格局的战略需求，同时借此提升竞争力，并在此过程中为自身创造新的发展机遇。

（三）促进高质量发展的关键举措

建立健全绿色低碳循环发展经济体系是绿色创新促进经济高质量发展的根本抓手。

建立健全绿色低碳循环发展经济体系是党的十九大提出的重大战略任务，它是从发展方式视角中人与自然之间关系的维度定义的一类经济体系，总体表现为低物耗、低污染，而绿色创新驱动是其发展动力的突出特征。[①]

首先，建设绿色低碳循环发展经济体系要求构建市场导向的绿色技术创新体系和大力发展绿色金融，这两者本身就是绿色创新的重要内容，分别代表了技术与制度的绿色创新。因而，可以说绿色创新本就是建设绿色低碳循环发展经济体系的重要内容之一。

其次，建设绿色低碳循环发展经济体系要求在实体经济中壮大节能环保产业、清洁生产产业、清洁能源产业，并构建起清洁低碳、安全高效的能源体系。这些战略新兴产业的发展壮大都有赖于通过绿色创新提高自身竞争力，并创造相应的市场需求。如前所述，清洁低碳、安全高效能源体系的构建更是需要通过绿色创新突破一系列瓶颈。

最后，建设绿色低碳循环发展经济体系要求生产方式、生活方式都向绿色低碳循环发展方向转型，继而推进资源全面节约和循环利用，这些也都离不开绿色创新带来的相应技术进步和制度完善。

上述分析表明，绿色低碳循环发展经济体系的方方面面都

[①] 张友国、窦若愚、白羽洁：《中国绿色低碳循环发展经济体系建设水平测度》，《数量经济技术经济研究》2020年第8期。

离不开绿色创新的支撑，因而绿色创新是建设低碳循环发展经济体系的根本需要，在建立健全绿色低碳循环发展经济体系的过程中，必须将绿色创新放在更加突出的地位。

（四）推动空间均衡发展有效途径

随着中国特色社会主义进入新时代，中国社会主要矛盾已经转化为人民日益增长的美好生活需要和不平衡不充分的发展之间的矛盾。而发展不平衡不充分是这一主要矛盾的主要方面，解决好发展不平衡不充分问题，就能有效化解社会主要矛盾。就发展不平衡问题而言，其中一个重要方面就是空间发展不平衡，因而促进空间均衡发展就能在很大程度上解决发展不平衡问题，而绿色创新能有效促进空间均衡发展。

一方面，绿色创新之所以能有效促进空间均衡发展，在于绿色创新所创造的知识和技艺具有前文所述的正外部性。具体地，发展水平较高地区的绿色创新成果能够为其他区域所习得，从而产生积极的空间溢出效应。对于一些发展相对不充分的地区而言，不仅可以将习得的绿色创新知识和技艺直接用于提升产业生态效率，甚至可与本地特有资源相结合来培育新兴产业，从而促进本地经济社会发展。例如，清洁能源储量丰裕地区可利用发达地区先进的清洁能源开发技术发展清洁能源产业。又如，生物医药资源条件优越地区可利用外地先进的技术发展生物医药产业。凡此种种，不一而足。当然，任何一个地区更可以利用本地的绿色创新成果来进行高质量发展。

另一方面，绿色创新十分有助于一些欠发达但生态资源丰富的地区实现其生态产品价值，继而带动这些地区的经济社会发展。绿色创新不仅是指技术层面的创新，也包含组织、社会和体制等非技术性的创新，无论是技术性还是非技术性的绿色创新对生态产品价值的实现都有着重要意义。生态修复、生态产业化、生态资源资本化运营、生态产权市场化交易、生态补偿机制等在不同地区的生态产品价值实现中发挥了十分积极的作用，而其中除生态修复主要属于技术性绿色创新外，其余方式则都可归为非技术性绿色创新。① 当前，生态产品的价值实现还面临着核算体系缺乏、监测机制缺失带来的生态产权边界不明晰、生态补偿制度和损害赔偿制度不完善等一系列问题，这些都需要通过进一步的绿色创新逐步解决。

总之，中国迈向现代化的进程必然呈现中国特色，而人与自然和谐共生的现代化，或者说绿色现代化将是其中一个突出特征，只有不断提升绿色创新水平才能使中国稳步迈向现代化。通过科学构建的绿色创新指数，可以为中央和各级地方相关部门把握绿色创新进展状况、及时制定和采取相应政策措施提供决策依据，从而更好地促进绿色创新能力的提升，这也是本研究的意义所在。

（五）实现"双碳"目标的必由之路

"双碳"目标即 2030 年前实现碳达峰、2060 年前实现碳中和，是党中央经过深思熟虑作出的重大战略决策，是中国生态文明建设整体布局的重要组成部分，这一重大战略目标的实现离不开绿色创新。要实现"双碳"目标，既要控制直至逐渐减少碳排放，又要将排放的碳通过生态固碳和人工捕捉的方式汇集起来。控制和减缓碳排放的直接途径主要有产业结构低碳转型升级、节能降耗技术不断提升、能源结构清洁化的稳步推进、生活方式绿色低碳转型。②

---

① 孙博文：《建立健全生态产品价值实现机制的瓶颈制约与策略选择》，《改革》2022 年第 5 期。
② 张友国：《碳达峰、碳中和工作面临的形势与开局思路》，《行政管理改革》2021 年第 3 期。

产业结构低碳转型升级意味着碳密集型产业在国民经济中的份额不断下降，而低碳型产业的份额不断上升。低碳型产业的发展不仅需要市场需求的拉动，也需要低碳技术的支撑，而通过绿色创新就能源源不断地为低碳型产业发展提供这样的技术支撑。而且，如前所述，绿色创新还能在一定程度上优化供给结构，创造绿色低碳产品或服务需求，从而催生相关低碳型产业发展。国内外经验都表明，节能降耗技术不断提升通常都是最有效、最快捷的碳排放减缓途径，而节能降耗技术不断提升本身就是一个持续的绿色创新过程。目前，中国在不少领域的节能降耗技术与国际先进水平还有差距，亟待通过绿色创新继续加以提升。

能源结构清洁化的稳步推进更离不开绿色创新的支撑。一方面清洁能源生产的一些关键技术和工艺、核心设备和零部件仍需要通过绿色创新取得突破；另一方面清洁能源的消纳和接入即清洁能源进入现有能源消费体系也面临一些瓶颈问题，如智能电网、分布式能源、储能技术等，需要通过绿色创新加以解决。

生活方式绿色低碳转型同样离不开绿色创新的支撑，如便捷的绿色公共交通体系、节能家电产品、节水器具等。

由此可见，"双碳"目标的实现离不开绿色创新的支撑，同时也对绿色创新提出了一系列新的、具有挑战性的需求，必将大大促进中国的绿色创新。各类创新主体应以"双碳"目标的提出为契机，加大绿色创新力度，赢得未来。

（六）全球可持续发展的动力支撑

全球持续发展的目标是通过平衡社会、环境和经济发展之间的关系，实现经济、社会和环境三方面的可持续性。联合国提出了17项可持续发展目标（SDGs），分别是消除贫困、消除饥饿、保障健康、保障优质教育、实现性别平等、水和卫生的可持续利用、可再生能源的推广、经济增长与就业、工业创新和基础设施建设、减少不平等、城市化和社区发展、可持续消费和生产、气候变化应对、海洋保护和可持续利用、生物多样性保护和可持续利用、平和与公正以及合作与全球伙伴关系，旨在 2030 年之前结束极端贫困、不平等和气候变化等全球性问题。

近些年，中国在绿色技术创新方面取得突破性进展，太阳能技术、电动汽车及储能技术、新能源汽车充电技术以及智能电网技术等绿色技术，在全球范围内处于领先地位，有助于在多个领域推动经济、社会和环境的协同发展，实现联合国可持续发展目标。

一是促进清洁能源发展与能源清洁化利用。能源领域的绿色技术包括太阳能、风能、水能、生物质能、智能电网、能源储存技术和传输技术等。这些技术广泛应用于替代传统化石燃料，降低能源的碳排放和污染物排放，从而促进清洁能源的利用和能源的清洁化。通过使用太阳能、风能等可再生能源，可以减少对化石能源的依赖，并降低二氧化碳和其他污染物的排放。智能电网和能源储存技术的发展，可以帮助可再生能源更好地融入电力系统并提高能源使用效率。通过对生物质资源的利用，可以减少化石燃料的使用并避免对环境的伤害。同时，新型的绿色传输技术也可以帮助加速清洁能源的普及。

二是促进节能减排。通过降低传统能源使用，替代传统高污染、能耗大的能源，如太阳能、风能等可再生能源将有效降低二氧化碳排放；又如智能控制系统、节能灯具等技术可提高能源的利用效率，使用更少的能源，达到节能减排的目标。通过降低能源和资源的消耗，提升能源利用效率和环保性，推动节能减排目标实现。

三是促进可持续建筑。采用环保绿色建材，如低 VOC 涂料、绿色水泥、可降解塑料等，可以减少各类污染物对环境的影响；智能建筑设计则可以提高建筑的能效和保温隔热性能，降低能源消耗。

　　四是促进农业可持续发展。绿色技术采用的技术和方法更环保、更节约资源，有助于降低农业生产对环境的影响。绿色技术可以促进农业生产方式的转型，如采用有机农业、精准农业等模式，减少化学肥料、农药等对环境的污染，同时提高土壤质量和生态系统的稳定性。此外，绿色技术可以推动农业废弃物的有效利用，减少其对环境的危害。

　　五是促进海洋保护和可持续利用。利用海洋能源促进清洁能源的发展，海上风电、浪能发电等技术可以收集海洋风力和波浪能，与陆上风电相比，更加稳定；海洋环境监测可以实时监测海洋区域的温度、盐度等关键物理要素，为科学研究和管理提供支持。

二 中国绿色创新指数评价指标体系

科学构建绿色创新指数评价体系，其根本在于坚持习近平新时代中国特色社会主义思想与牢牢把握马克思主义生产力和生产关系辩证统一观点，其关键在于完整、准确、全面贯彻新发展理念要求，充分把握技术创新与制度创新的双重内涵。

围绕绿色创新的测度，学界主要形成了三种方案：第一种方案是采用绿色专利数据来测度绿色创新①，且近年来采用这种方案的研究增长迅速，渐成主流。其中，有关绿色专利申请、授权数据来自中国国家知识产权局专利数据库，绿色专利分类标准通常参照世界知识产权组织（WIPO）所发布的《绿色专利清单》或者经济合作与发展组织（OECD）关于绿色技术创新的概念界定。第二种方案是根据绿色创新的定义，在电话调查、问卷调查的基础上，采用虚拟变量对绿色创新进行测度②。第三

---

① Amore M. D., Bennedsen M., "Corporate Governance and Green Innovation", *Journal of Environmental Economics and Management*, No. 75, 2016；齐绍洲、林屾、崔静波：《环境权益交易市场能否诱发绿色创新？——基于我国上市公司绿色专利数据的证据》，《经济研究》2018 年第 12 期。

② Rennings K., "Redefining Innovation—Eco-Innovation Research and the Contribution from Ecological Economics", *Ecological Economics*, Vol. 32, No. 2, 2000；Fichter K., Clausen J., "Diffusion of Environmental Innovations: Sector Differences and Explanation Range of Factors", *Environmental Innovation and Societal Transitions*, No. 38, 2021.

种方案是采用环境生产率中的技术进步或全要素生产率指标[1]。相关指标计算大都基于数据包络分析下的 Malmqusit 指数分解及径向距离改进方法，核心在于将环境污染等非期望产出纳入要素的投入产出体系，比较典型的方法有 Malmqusit-Luenberger 指数、MEBM-Luenberger 指数等[2]。此外，还有一些方法也被用于测度绿色创新，但较为少见，如采用环境研发投入单一指标[3]。

尽管现有研究关于绿色创新测度指标的甄别、选取日趋合理，方法越来越科学、规范，数据来源也日益清晰、透明且稳定、可靠，但仍存在三方面的局限性[4]。首先，大都采用单一指标，这些单一指标虽然在衡量绿色创新方面具有一定的代表性，但存在诸多片面性和局限性，无法揭示绿色创新的本质内涵和全局特征，且主要在技术层面展开绿色创新测度，很少关注制度方面的绿色创新。其次，注重对绿色创新数量的测度，而较少涉及绿色创新质量、空间溢出的测度，忽视了绿色创新内在空间影响力，特别是对绿色创新辐射力的考虑还很不充分。再次，没有清晰地区分绿色专利申请数与授权数，并将它们纳入

---

[1] Beltrán-Esteve M., Picazo-Tadeo A. J., "Assessing Environmental Performance Trends in the Transport Industry: Eco-Innovation or Catching-Up?", *Energy Economics*, No. 51, 2015.

[2] 董敏杰、李钢、梁泳梅：《中国工业环境全要素生产率的来源分解——基于要素投入与污染治理的分析》，《数量经济技术经济研究》2012年第2期；李平：《环境技术效率、绿色生产率与可持续发展：长三角与珠三角城市群的比较》，《数量经济技术经济研究》2017年第11期。

[3] Kneller R., Manderson E., "Environmental Regulations and Innovation Activity in UK Manufacturing Industries", *Resource and Energy Economics*, Vol. 34, No. 2, 2012.

[4] 孙博文、张友国：《中国绿色创新指数的分布动态演进与区域差异》，《数量经济技术经济研究》2022年第1期。

统一的逻辑体系。最后，鲜有学者关注绿色创新的区域差距、来源分解和空间收敛特征。本报告则在突破现有研究局限性的基础上，构建了一个包含绿色技术创新能力、绿色技术创新辐射力以及绿色创新制度支撑力在内的中国绿色创新指数"三力"评价体系，具有重要的学术创新价值和实践应用价值。接下来，对具体指标遴选、内涵特征、数据来源、权重赋值以及本报告重点分析对象进行详细说明。

（一）指标遴选的基本原则

科学构建绿色创新指数评价指标体系是本报告分析的基础。在科学把握绿色创新的内涵及外延的基础上，本报告力求使得评价指标体系遵循以下基本原则。第一，科学性原则，即能够科学体现绿色创新的基本内涵、内在要求和演变规律。第二，独立性与互补性原则，即具有独立、差异化、不可替代的功能，反映某一方面的数量或者质的特征，与既有理论和现实政策制定衔接，且内部构成之间功能互补。第三，全面性和重点突出原则，即要全面把握、平衡刻画各个维度，也要突出重点内涵和创新价值。第四，系统性原则，即需要廓清内部构成之间的互动关系及协同作用。第五，简洁性原则，即指标数量不宜过多，以典型性、代表性指标为要。第六，动态可比性，即可以观察动态演进特征，进行比较分析，也可根据现实变化及时调整。第七，可操作性原则，即指标选择、数据搜集和结果分析操作成本可控。第八，政策引导性原则，即对现实政策制定具有指引功能。

（二）评价体系与指标说明

绿色创新既包括绿色技术创新，也包括绿色制度创新，体现了生产力与生产关系辩证互动关系。考虑到创新的溢出属性，本指标体系进一步将绿色技术创新区分为绿色技术创新能力、绿色技术创新辐射力。结合绿色创新内涵、理论基础、前述原则，构建了中国绿色创新指数评价指标体系，见表2-1。

表2-1　　　　　中国绿色创新指数评价指标体系

一级指标	二级指标	三级指标	编号	权重
绿色技术创新能力	地区创新综合能力	发明专利申请总数	F1	0.063
		发明专利授权总数	F2	0.068
	地区内部技术市场发育程度	地区内发明专利权转让数	F3	0.145
	绿色技术创新基础能力	绿色发明专利申请数	F4	0.070
		绿色发明专利授权数	F5	0.071
		绿色实用新型专利申请数	F6	0.056
		绿色实用新型专利授权数	F7	0.056
绿色技术创新辐射力	地区间技术市场发育程度	地区间发明专利权转移数	I1	0.065
	绿色创新合作水平	地区间绿色发明专利联合申请数	I2	0.099
		地区间绿色发明专利联合授权数	I3	0.107
	绿色创新影响力	绿色创新度数中心度（社会网络分析法）	I4	0.044
		绿色创新接近中心度（社会网络分析法）	I5	0.016
		绿色创新介数中心度（社会网络分析法）	I6	0.130
绿色创新制度支撑力	法律与政策环境	创新支持及环境治理法规、政策文件数量	S	0.010

其中，一级指标将绿色创新水平分解为绿色技术创新能力、绿色技术创新辐射力、绿色创新制度支撑力三个维度，二级指标则进一步结合一级指标的内涵和外延，将指标进行细分。测度绿色技术创新水平可遵循投入与产出两个维度，前者通常采用绿色技术研发人力和物力投入表征，如城市R&D研发经费支

出、城市R&D人员投入等，后者则通常表现为绿色发明专利、实用新型、外观设计以及高技术产品等。当然，除数量层面指标外，绿色专利引用率、绿色专利复杂性等指标还被用来度量专利质量。鉴于技术可操作性和数据可得性，聚焦绿色专利申请、授权以及转让等基础指标及拓展指标。专利是反映一国宏观和微观层面技术创新活动的重要方面，对一国自主创新能力提升、经济增长、绿色发展也起到决定性作用。[1] 并且，绿色专利能够最直观地反映企业绿色技术创新活动的产出，且具有显著的可量化性、行业内溢出性，与研发投入指标相比，专利具有明确的、可比较的技术分类，能体现异质性创新活动的内涵、贡献。[2]

（1）绿色技术创新能力。第一，绿色技术创新能力划分为地区创新综合能力、地区内部技术市场发育程度和绿色技术创新基础能力三类。地区创新综合能力反映了地区总体创新支持与研发投入水平，为地区绿色技术创新提供资金、环境、技术合作和溢出系统支撑。地区内部技术市场发育程度反映了地区绿色技术创新市场交易情况，也反映了技术市场对绿色技术交易、绿色技术创新成果转化的激励作用。绿色技术基础创新能力是对绿色技术创新的最直接反映，也是衡量绿色创新基础能力最重要的结果变量、状态变量。第二，绿色技术创新辐射力分为地区间技术市场发育程度、绿色创新合作水平以及绿色创新影响力三类。地区间技术交易市场发育程度越高，则本地区越有可能从专利权转移、技术合作指导、技术溢出方面影响其他地区的技术需求。绿色创新合

---

[1] Hu A. G., Jefferson G. H., "A Great Wall of Patents: What is Behind China's Recent Patent Explosion?", *Journal of Development Economics*, Vol. 90, No. 1, 2009.

[2] 徐佳、崔静波：《低碳城市和企业绿色技术创新》，《中国工业经济》2020年第12期。

作水平是一个辐射力中性变量，反映了不同地区之间的技术合作水平，或者是一个双向影响力指标。绿色创新影响力则从社会网络分析的视角，对城市绿色技术创新辐射力进行了充分刻画。第三，绿色创新制度支撑力采用创新支持方面的法律与政策环境进行刻画。

三级指标则是对一级指标和二级指标的具体刻画、描述，也构成了对绿色创新水平综合评价的数据基础支撑，接下来，有必要对三级指标的内涵、指标关系、遴选情况进行详细说明。

绿色技术创新能力指标中，衡量地区创新综合能力的指标有：发明专利申请总数（F1）；发明专利授权总数（F2）。采用指标地区内发明专利权转让数（F3）衡量技术市场发育。对绿色技术创新基础能力的测度，选择了绿色发明专利申请数（F4）、绿色发明专利授权数（F5）、绿色实用新型专利申请数（F6）以及绿色实用新型专利授权数（F7）四个指标。针对以上相关指标选择面临的潜在包含性、关联性以及科学性问题，有必要作出以下几点说明。

第一，发明专利申请、授权总数对绿色发明专利申请、授权数存在包含关系，但两个指标对地区绿色技术创新反映的侧重点存在差异，前者更强调地区创新能力背后的制度支撑环境、技术溢出潜力，后者则是对绿色技术创新基础能力的直接反馈。

第二，绿色发明专利申请数与授权数存在潜在的关联性，两者在既有的研究中都经常被用作企业、地方绿色创新能力的代理变量。比如，齐绍洲等（2018）采用已授权绿色专利作为上市公司绿色创新的衡量指标。[①] 但有学者认为，绿色技术创新

[①] 齐绍洲、林屾、崔静波：《环境权益交易市场能否诱发绿色创新？——基于我国上市公司绿色专利数据的证据》，《经济研究》2018年第12期。

一般要经历研发投入、技术开发、专利形成、专利申报、专利审查以及专利授权等环节，鉴于中国绿色发明专利申请的周期较长，其认为采用专利申请数而非专利授权数可以更具时效性地考察企业绿色技术创新活动。[1] 而且，尽管中国专利申请量受到地区专利促进政策的影响，与真实的创新水平存在偏差，但专利申请量反映了创新主体对拥有专利资产的预期程度与保护意识，能够动态反映创新的活跃程度。[2] 鉴于此，本评价体系综合时效性、创新实质性因素，将申请与授权指标统一包含进评价体系。

第三，对于绿色发明专利与绿色实用新型专利而言，虽然两者均能反映绿色技术创新水平，但发明专利的创新质量一般被认为高于绿色实用新型专利和外观设计专利。原因在于，在发明专利、实用新型专利和外观设计专利三种专利类型中，发明专利的审查标准最为严格，需要进行形式审查和实质审查后方可授予，而后两者一般只进行形式审查，中国改革开放之后的专利激增主要集中在实用新型专利和外观设计专利，发明专利比重偏低，影响了专利质量的提升。与发明专利相比，实用新型专利的权利具有不稳定性，其在为创新主体带来学习效应的同时，甚至会抑制高水平发明创造动机、阻碍国家专利质量整体提高。[3]

第四，采用专利权转让而非许可数据衡量技术转移。衡量技术转移的常见指标有专利引用、专利转让、专利学科以及技术合同成交等，由于缺乏城市维度的技术合同成交数据和专利

---

[1] 徐佳、崔静波：《低碳城市和企业绿色技术创新》，《中国工业经济》2020年第12期。

[2] 龙小宁、王俊：《中国专利激增的动因及其质量效应》，《世界经济》2015年第6期。

[3] 毛昊、陈大鹏、尹志锋：《中国专利保护"双轨制"路径完善的理论分析与实证检验》，《中国软科学》2019年第9期。

引文数据,而且通过综合比较专利权许可和专利权转让数据的优劣性后,选择使用专利权转移数据作为基础数据,根据《中华人民共和国专利法》第 10 条和第 12 条的规定,专利转让指专利权人发生变更,出让人与受让人必须订立书面合同,且需经专利局登记和公告后方能生效,法律程序更为严格,相比而言,专利许可转让的仅是专利使用权,而且当事人许可他人实施专利无须备案登记也具有法律效力。可以认为专利权转移代表了一种更强的技术流动。[①]

(2) 绿色技术创新辐射力。绿色技术创新辐射力中,采用指标地区间发明专利权转移数(I1)测度地区间技术市场发育程度,等于本城市与其他所有城市之间专利权转移数的加总;衡量绿色创新合作水平的指标分别是地区间绿色发明专利联合申请数(I2)以及地区间绿色发明专利联合授权数(I3),等于本城市与其他所有城市联合申请、授权专利数量的加总,联合申请或授权数目越大则地区之间绿色创新合作水平越高。另外,从其拓扑结构来看,中国城市间的绿色创新合作呈现极为复杂的网络结构形态,包含各城市创新主体间错综复杂的合作关联。

为进一步衡量城市绿色创新影响力,利用社会网络分析法(Social Network Analysis, SNA)展开分析[②]。基于城市之间绿色发明专利联合授权合作矩阵,分别计算了绿色创新度数中心度(I4)(Degree Centrality, DC)、绿色创新接近中心度(I5)(Closeness Centrality, CC)、绿色创新介数中心度(I6)(Between Centrality, BC)。为对比不同网络规模下的

[①] 胡凯、王炜哲:《如何打通高校科技成果转化的"最后一公里"?——基于技术转移办公室体制的考察》,《数量经济技术经济研究》2023 年第 4 期。

[②] Wasserman S., Faust K., *Social Network Analysis: Methods and Applications*, Cambridge University Press, 1994.

中心度指标，对度数中心度测算结果以最大值为基准进行相对值标准化处理（最大为1），具体指标内涵及计算方法如下。

第一，绿色创新度数中心度（DC），反映了城市节点与网络中其他节点的直接关联关系，度数中心度更高的城市与其他城市的创新协作关系更加活跃。二值网络中度数中心度即与节点相关的连线数量，而在加权网络中，度数中心度的计算则需要考虑各连线的强度。具体公式为：$DC_{it} = \dfrac{k_{it}}{N-1}$，$k_{it}$表示与节点城市$i$存在直接合作关系的城市数量，$N$代表城市数，$N-1$是自由度。但这一指标的弊端在于，仅能够反映城市节点之间的绿色创新直接合作关系，更多地反映城市绿色创新局部影响力。

第二，绿色创新接近中心度（CC），刻画了城市在整个网络中的绿色创新影响力，指标计算公式为：$CC_i = \dfrac{N-1}{\sum j-1, i \neq j\, d_{ij}}$。其中，$d_{ij}$代表不同城市节点$i$与$j$之间的绿色创新合作最短距离，若存在直接合作关系则为1，间接经过n个城市则距离为n，$\sum d_{ij}$为全国层面城市i与其他城市之间绿色创新合作最短距离加总，$N-1$表示城市自由度，CC值越大则越容易接近、绿色创新合作概率也越大。

第三，绿色创新介数中心度（BC），反映了城市绿色创新资源的全局控制力。指标的测速基于城市节点是否位于网络中其他城市之间合作的最短路径上，如果某一城市节点承担了较多的其他城市点对相连的"中间人"角色，则该节点具有较高的介数中心度，且能够在较大程度上影响网络中的其他节点间的关联关系，能够通过阻断或改变关联网络中的信息流动，进而控制其他节点的创新资源分配。具体计算公式为：$BC_i = \sum \dfrac{\delta_{sj}(i)}{\delta_{sj}}$，其中$\delta_{sj}$代表$s$到$j$之间的最优路径条数，$\delta_{sj}(i)$表示最优路径条数中经过 i 的条数，最优路径即城市之间合作的最短距离路径。

（3）绿色创新制度支撑力。绿色创新制度支撑力以创新支持及环境治理法规、政策文件数量（S）指标进行度量。具体内容包括三个方面：一是全国及各省级行政单位的人民代表大会常务委员会制定的法律法规，如《中华人民共和国专利法》《中华人民共和国科学技术进步法》等；二是来自财政、税务、科技、知识产权等职能部门出台的创新激励政策，如直接税收优惠、创新补贴、贴息贷款、研发加计扣除，以及间接知识产权保护、创新环境营造、社会监督等；三是促进发挥绿色创新"波特效应"的环境规制政策。

有关法律法规及政策文本的搜集方法是以北大法宝数据库、中国法院网、地方政府官网、地方政府知识产权局官网等为基础数据库，对各地区知识产权保护与专利支持相关的法律法规、地方政策出台等进行统计，发文单位限于省政府办公厅、省人大、省知识产权局、省科技厅等单位。具体步骤是：第一，地区名+关键词搜索，比如"北京+专利""北京+创新""北京+研发""北京+科技""北京+知识产权""北京+生态""北京+环境"以及"北京+污染"等，对于创新激励政策，通过人工阅读查看是否对创新研发、专利等给予资助、奖励、税费优惠，需要进行文本查询的关键词有"研发费用扣除""税收减免""政府科技活动资金支持"等；对于环境规制政策，以重要时间节点出台的规划、法律法规及试点政策为主。第二，辅助性搜索。为了避免数据库相关法规及政策不全，进一步用百度搜索引擎并根据相关关键词进行补足。第三，地方法律及政策文件的量化处理。由于不同地区法律、政策文本中关于专利资助的强度多年保持稳定，为突出区域差异性，本报告对地区相关法律与政策文件进行加总计数处理，用于反映地区绿色创新法律与政策环境。

对于政策加总计数具体规则，有几点需要说明：（1）对于早期出台法律的修订、暂定办法的转正、试用办法的转正均视为新的法律或者加强政策文件，进行数量累加计算。（2）地方根据法律法规或者政策出台的年度工作例行通知，不纳入技术范畴；地方政府转发国家层面的政策文本也不再重复计入。（3）考虑到城市层面法律与政策文件缺失较多、搜集难度大，这一指标以城市所在省份指标进行替代，通过搜集省级层面知识产权保护、专利激励、创新支持、环境治理等领域法律法规及政策文件数量进行加总计数处理。（4）由于普适性，对于国家层面创新激励、知识产权保护以及环境规制政策实施，以实施时间为节点普遍计入各地区，暂不考虑地区政策执行的强度差异。（5）根据"波特假说"理论，鉴于环境规制政策对绿色创新的影响具有一定的间接性和滞后性，本报告不将环境政策实施计数作为重点，仅将部分全国层面环境治理规划、法律及试点政策纳入计数范畴，如2006年"十一五"规划将环境目标约束纳入各地官员考核指标、2007年排污权交易省级试点、2011—2013年碳排放权交易试点以及2018年环境保护税法实施等。

（三）权重赋值与得分计算

常见的指标权重赋值法有主观赋权法和客观赋权法，主观赋权法是基于专家调查进行主观打分，客观赋权法则通过对数据本身进行聚类分析、变异分析等计算权重。对于本报告的指标体系，首先征求了国内生态环境、技术创新、知识产权保护、绿色创新等领域相关专家意见和建议，对相关指标权重进行初步赋权；进一步选择了主成分分析法以及熵权法两类客观赋权法，对相关指标权重进行计算，再进一步结合相关专家就各指标的重要程度建议，选择了时空极差熵权法进行指标权重赋值①。其优点是,充分利用指标时空双重维度信息,克服了传统熵权法仅利用指标特定时点信息的局限性,更充分反映指标时空双重维度上变异性、对评价对象的区分度,并且能动态更新指标权重。具体方法见式 2-1 至式 2-4:

假设在评价指标体系 $X_i(i=1,2,\cdots,k)$ 中,存在有 k 个指标、n 个评价对象、m 个时期跨度,其中指标 X_i 在 t 时期的取值为 x_{ijt},标准化之后为 y_{ijt},各指标的信息熵为 E_i,各指标 X_i 的权重为 W_i,则有:

$$y_{ijt} = [x_{ijt} - \min(x_{ijt})]/[\max(x_{ijt}) - \min(x_{ijt})] \text{(若} X_i \text{为正向指标)} \quad (2-1)$$

$$y_{ijt} = [\max(x_{ijt}) - x_{ijt}]/[\max(x_{ijt}) - \min(x_{ijt})] \text{(若} X_i \text{为逆向指标)} \quad (2-2)$$

$$E_i = -\ln(mn)^{-1} \sum_j \sum_t p_{ijt} \ln(p_{ijt}) \quad (2-3)$$

$$W_i = (1 - E_i)/(k - \sum_i E_i) \quad (2-4)$$

其中,$p_{ijt} = y_{ijt}/\sum_j \sum_t y_{ijt}$,若 $p_{ijt} = 0$,则 $p_{ijt}\ln(p_{ijt}) = 0$。

表 2-1 报告了相关权重。需要说明的是,与绿色技术创新能力和绿色技术创新辐射力所包含指标权重相比,绿色创新制度支撑力相关指标权重偏低,这并不是否定了绿色创新制度的重要性,而是与权重赋值方法选择和数据差异性有关。本报告采用的时空极差熵权法的核心在于以数据不确定性判断权重,而各省份绿色创新支持法律与政策环境、司法保护环境差异性相对较小,导致其表现出更小的权重赋值。这也反映出党的十八大以来,中国宏观层面对绿色创新的政策支持力度不断加大以及地方绿色创新政策执行的普遍性。同时说明,除了政策出台数量,各地绿色技术创新水平差异可能与政策执行的效率密

---

① 孙博文、张友国:《中国绿色创新指数的分布动态演进与区域差异》,《数量经济技术经济研究》2022 年第 1 期。

切相关。

基于标准化数据及指标权重，通过加权平均可计算不同层次指标得分以及中国绿色创新指数综合得分，为分析方便，对得分乘以100处理。

（四）数据来源与技术标准

核心指标数据来源及处理说明如下：

第一，绿色专利识别标准选择与数据库构建。根据国家知识产权局、中国知网（CNKI）和智慧芽全球专利数据库，采用数据爬虫技术、人工检索等手段，获得了2006—2021年中国发明专利基础数据库，进一步对绿色专利进行识别与汇总。国家知识产权局绿色低碳技术专利分类体系，包含一级技术分支（5个）、二级技术分支（19个）和三级技术分支（56个）。一级技术分支包括化石能源降碳技术、节能与能量回收利用、清洁能源、储能技术、温室气体捕集利用封存五类，这一定义范围仅限于碳排放有关领域，因此可认为其属于狭义上的绿色技术定义。相较而言，本报告主要依据的是世界知识产权组织（WIPO）根据《联合国气候变化框架公约》发布的《绿色专利清单》标准，将绿色专利分为替代能源生产类、交通运输类、能源节约类、废弃物管理类、农林类、行政监管与设计类和核电类等一级七类，此外还包括二级、三级类目近160项绿色技术（见表2-2），这体现了绿色技术的广义定义，凸显了绿色技术的减污、降碳、循环、增效的综合功能。在明确技术标准的基础上，进一步基于爬虫技术和专利IPC分类号，根据中国国家知识产权局专利数据库进行分年检索，最终对绿色专利进行了识别，并构造全国独家绿色专利基础数据库（2006—2021）。

第二，识别构造城市之间绿色创新与技术转移合作网络数据。基于发明专利、实用新型专利以及外观设计专利等绿色专利数据，并根据专利条目分类信息、地理信息、申请主体、专利权转让信息等，对有关指标进行城市层面加总，以及构建城市之间专利合作研发网络、专利权转让网络等。为确保数据可靠性，根据中国历年科技统计年鉴、中国历年火炬年鉴、中国研究数据服务平台（CNRDS）等创新数据进行匹配验证。

第三，绿色技术创新辐射力计算。基于城市之间绿色创新合作（无向网络）、专利权转移（有向网络）数据，采用社会网络分析法对绿色技术创新辐射力的相关指标进行测算。

第四，构造法律与政策制度环境指标。基于文本分析法，通过人工检索方式查询各省份关于知识产权保护、专利促进、创新支持及环境规制的法律法规、政策文本等，考虑国家创新支持政策的普遍性、制度稳定性特征，以城市所在省级层面的制度环境反映城市绿色创新制度支撑力。

第五，存在次级专利汇总与上级不相等的情况。常见的是次级目录专利加总小于上级目录，这是因为同一专利可能跨越不同 IPC 分类小类目，进而造成重复计算。一个完整的 IPC 分类号分为五级，包括部（Section - 1 个字母）、大类（Class - 2 个数字）、小类（Subclass - 1 个字母：除 A、Z、I、O、U、X 外）、主组（Group - 1—3 个数字）、分组（除"00"外，2—4 个数字）等，如燃料电池电极技术为 H01M 4/86，部分专利可能跨越多个小类目，其虽然在多个次级目录出现也仅被记为 1 个专利。

第六，对于部分指标缺失和异常值，采用插值法进行替代。

表 2-2　世界知识产权组织（WIPO）绿色专利分类标准

一级类目	二级类目	三级类目
替代能源生产	生物燃料	固体燃料
		生物质的烘焙
		液体燃料
		植物油
		生物柴油
		生物乙醇
		沼气
		来自基因工程生物
		综合气化联合循环（IGCC）
	燃料电池	电极
		具有催化活性的惰性电极
		非活动部件
		在混合细胞内
		生物质的热解或气化
	利用人造废物中的能源	农业废弃物
		来自动物粪便和作物残留物的燃料
		用于田地、花园或木材废料的焚化炉
		气化
		化学垃圾
		工业废料
		使用高炉炉顶煤气为生铁生产提供动力
		浆液
		工业废弃物厌氧消化
		工业木材废料
		医院垃圾
		垃圾填埋气
		组件分离
		城市垃圾
	水能	水力发电厂
		潮汐或波浪发电厂
		液体机器或发动机
		使用波浪能或潮汐能
		机器或发动机的调节、控制或安全装置
		使用来自水运动的能量推进船舶
		海洋热能转换（OTEC）

续表

一级类目	二级类目	三级类目
替代能源生产	风能	发电机与机械驱动电机的结构组合
		风力涡轮机的结构方面
		使用风力驱动车辆
		使用风力发电的车辆电力推进
		风力发动机推进船舶
	太阳能	光伏（PV）
		适用于将辐射能转化为电能的装置
		使用有机材料作为活性部分
		多个太阳能电池的组件
		硅；单晶生长
		调节到太阳能电池可用的最大功率
		具有太阳能电池或可使用太阳能电池充电的电照明设备
		充电电池
		染料敏化太阳能电池（DSSC）
		太阳能热利用
		用于生活热水系统
		用于空间加热
		用于游泳池
		太阳能上升气流塔
		用于处理水、废水或污泥
		使用太阳能热源的燃气轮机发电厂
		混合太阳能热光伏系统
		使用太阳能驱动车辆
		使用太阳能电力驱动车辆
		从太阳能产生机械能
		能量收集装置的屋顶覆盖方面
		利用太阳能产生蒸汽
		使用太阳能的制冷或热泵系统
		使用太阳能干燥材料或物体
		太阳能聚光器
		太阳能池塘
	地热能	地热利用
		利用地热能生产机械能

续表

一级类目	二级类目	三级类目
替代能源生产	其他非燃烧产生或使用的热量，例如：自然热	中央供暖系统中的热泵利用蓄热体中积累的热量
		其他家用或空间供暖系统中的热泵
		家用热水供应系统中的热泵
		使用热泵的空气或热水器
		热泵
	利用余热	产生机械能
		内燃机
		蒸汽机厂
		燃气轮机厂
		作为制冷设备的能源
		用于处理水、废水或污水
		造纸余热回收
		用于利用热载体的热量产生蒸汽
		垃圾焚烧热能回收
		空调中的能量回收
		使用来自熔炉、窑炉、烤炉或蒸馏罐的废热的安排
		蓄热式换热器
		气化厂
		从肌肉能量产生机械能的装置
交通运输	一般车辆	混合动力汽车，例如混合动力电动汽车（HEV)
		控制系统
		传动装置
		无刷电机
		电磁离合器
		再生制动系统
		用自然力供电的电力推进，例如阳光、风
		带有车辆外部电源的电力推进
		使用燃料电池供电，例如用于氢动力汽车
		使用气体燃料运行的内燃机，例如氢
		来自自然力的电源，例如阳光、风
		电动汽车充电站

续表

一级类目	二级类目	三级类目
交通运输	轨道车辆以外的车辆	减阻
		人力车
	轨道车辆	减阻
	船舶推进	直接受风作用的推进装置
		风力发动机推进
		使用来自水运动的能量推进
		肌肉力量推进
		来自核能的推进
	使用太阳能的航天器	
能源节约	电能储存	具有省电模式
	电源电路	耗电量的测量
		热能储存
	低能耗照明	电致发光光源（例如 LED、OLED、PLED）
		绝缘建筑构件
	建筑保温隔热，一般	用于门或窗开口
		用于墙壁
		用于地板
		用于屋顶
		用于天花板
		车辆中的可充电机械蓄电池
	回收机械能	
废弃物管理	废物处置	消毒或灭菌
	废物处理	危险或有毒废物的处理
		处理受放射性污染的材料；为此进行的去污安排
		拒绝分离
		污染土壤的复垦
		废纸机械处理
		通过燃烧消耗废物
	废物再利用	在鞋类中使用橡胶废料
		用废金属颗粒制造物品
		用废料生产水硬性水泥
		使用废料作为砂浆、混凝土的填料
		从废物或垃圾中生产肥料
		废料的回收或处理

续表

一级类目	二级类目	三级类目
废弃物管理	污染控制	碳捕获和储存
		空气质量管理
		废气处理
		带有处理排气装置的内燃机排气装置
		使废气无害
		去除钢铁生产中的废气或粉尘
		使用烟道气再循环的燃烧装置
		废气或有毒气体的燃烧
		废气处理装置的电气控制
		从气体或蒸汽中分离分散的颗粒
		炉膛除尘
		在燃料或火灾中使用添加剂以减少烟雾或促进烟灰去除
		用于处理来自燃烧设备的烟气的装置的布置
		防尘或吸尘材料
		污染警报
		控制水污染
		处理废水或污水
		生产肥料
		液体污染物处理材料
		从开放水域去除污染物
		污水管道装置
		污水管理
		发生反应堆泄漏时防止放射性污染的手段
农林	林业技术	
	替代灌溉技术	
	农药替代品	
	土壤改良	从废物中提取的有机肥料
行政监管与设计	通勤，例如 HOV、远程办公等	
	碳/排放交易，例如污染信用	
	静态结构设计	

续表

一级类目	二级类目	三级类目
核电	核工程	聚变反应堆
		核（裂变）反应堆
		核电站
	使用核热源的燃气轮机发电厂	

资料来源：世界知识产权组织（WIPO）。

本研究样本始于2006年、终于2021年，跨越了"十一五"到"十三五"的全过程以及"十四五"的开局之年。以"十一五"开局之年为起点是因为，2006年是中国环境治理的重要转折点，国务院发布《关于贯彻落实科学发展观 进一步加强环境保护的决定》，首次明确要求将干部的污染减排绩效作为其任用选拔以及奖惩的依据，成为地方绿色转型的重要激励①。除污染排放目标约束外，"十一五"规划也提出将能源强度降低20%作为国民经济和社会发展的约束性指标，并在随后几年提出了一系列减排政策目标。以2021年为终是因为，截至2023年8月，有效发明专利数据仅更新至2021年，这是由发明专利存在一定的审查周期决定的。中国的发明专利审查程序一般经过提交专利申请、初步审查和公布、实质审查、通知答复、再审请求、授权或驳回等，审查周期的长短取决于多种因素，如技术领域、专利局负荷和提交材料的质量等。然而，按照一般经验，审查周期通常为2—4年。这意味着，受发明专利审查期的影响，2022年专利申请可能大部分还处于公示阶段，会造成严重低估问题，不宜作为本研究的基础数据。

---

① 陶锋、赵锦瑜、周浩：《环境规制实现了绿色技术创新的"增量提质"吗——来自环保目标责任制的证据》，《中国工业经济》2021年第2期。

（五）研究对象选择与说明

剔除数据缺失严重城市样本后，本报告系统评估了全国318个城市，包括293个地级市和25个县级市。现实世界，城市科技创新只发生在少数城市而不是遍地开花，具有"集聚"特征[1]，为简化分析，鉴于绿色发明专利是衡量绿色创新水平的核心指标之一，根据公开的城市绿色发明专利申请、授权数据，在未侵犯相关隐私权等法律规定的前提下，选择100个核心城市（以下简称"绿创百城"）展开分析（见表2-3）。

表2-3　　　　　　"绿创百城"属性

地区	省份	城	行政级别
东部	北京	北京	直辖市
	上海	上海	直辖市
	广东	深圳	
		广州	省会城市
		东莞	
		佛山	
		珠海	
		中山	
		惠州	
		江门	
		汕头	
		肇庆	
	江苏	南京	省会城市
		苏州	
		无锡	
		常州	
		徐州	
		南通	
		盐城	
		扬州	

---

[1] Duranton J., Puga D., "Micro-foundation of Urban Agglomeration Economies", In Henderson V. J. and Thisse J. F. (eds), *Handbook of Regional and Urban Economics*, Elsevier, 2004.

续表

地区	省份	城	行政级别
东部	江苏	镇江	
		泰州	
		宿迁	
		淮安	
		连云港	
	浙江	杭州	省会城市
		绍兴	
		宁波	
		温州	
		嘉兴	
		金华	
		台州	
		湖州	
		丽水	
		衢州	
		舟山	
	山东	青岛	
		济南	省会城市
		潍坊	
		烟台	
		东营	
		临沂	
		济宁	
		淄博	
		聊城	
		威海	
		泰安	
		德州	
		枣庄	

续表

地区	省份	城	行政级别
东部	福建	泉州	省会城市
		福州	
		厦门	
		漳州	
		龙岩	
		宁德	
	河北	石家庄	省会城市
		保定	
		唐山	
		秦皇岛	
		廊坊	
		沧州	
		邯郸	
		邢台	
	天津	天津	直辖市
中部	安徽	合肥	省会城市
		芜湖	
		马鞍山	
		蚌埠	
		阜阳	
		滁州	
		六安	
	湖北	武汉	省会城市
		宜昌	
		襄阳	
	河南	郑州	省会城市
		许昌	
		洛阳	
	湖南	长沙	省会城市
		株洲	
		湘潭	
		衡阳	

续表

地区	省份	城	行政级别
中部	江西	南昌	省会城市
	山西	太原	省会城市
	内蒙古	呼和浩特	省会城市
西部	四川	成都	省会城市
		绵阳	
	陕西	西安	省会城市
	重庆	重庆	直辖市
	云南	昆明	省会城市
	广西	南宁	省会城市
	甘肃	兰州	省会城市
	贵州	贵阳	省会城市
	新疆	乌鲁木齐	省会城市
	宁夏	银川	省会城市
	青海	西宁	省会城市
东北	辽宁	沈阳	省会城市
		大连	
	吉林	长春	省会城市
		吉林	
	黑龙江	哈尔滨	省会城市

这100个城市具有广泛的代表性，通过计算发现，"绿创百城"绿色发明专利申请与授权占全国的九成以上，2021年"绿创百城"绿色发明专利申请与授权数分别为248787件和50693件，与全国层面270216件和54063件相比，占比分别为92.1%和93.8%，均超过九成，其他218个城市相关指标仅占不到一成。另外，全部发明专利与授权也存在这一特征。地区分布上，包括东部地区城市64个、中部地区城市20个、西部地区城市11个、东北地区城市5个，涵盖了除拉萨、海口外的全部省会城市、直辖市，包含除西藏、海南和台湾之外的29个省份。需

要指出的是,"绿创百城"并不代表本研究绿色创新指数的排名,但作为代表,可管窥中国绿色创新全貌,也有助于聚焦重点,提炼绿色创新的差异化模式和路径。

三 中国绿色创新指数演化特征

基于绿色创新指数评价指标体系及有关权重赋值、指数加权平均方法和基础数据库,对2006—2021年"绿创百城"绿色创新指数进行了计算。接下来,将以"绿创百城"为重点研究对象,分析绿色创新指数演化特征,见表3-1。

(一) 北京始终居首,已经成为名副其实的全国绿色创新中心

1. 北京绿色创新指数持续上升,在四大直辖市中始终居于首位

图3-1呈现了四大直辖市绿色创新指数变动。一是北京。2006—2021年,北京绿色创新指数呈现稳步上升趋势,从2006年的23.3增长至2021年的80.3分,涨幅接近三倍。2010年以后指数增长幅度逐年加快,2012—2013年指数增速超过了29%,但在2017—2019年,指数下降较快,并在2019年达到了近5年来最低点,随后,2020年指数呈现快速反弹特征,增速达51.4%。北京绿色创新指数年增速呈现波动上升的趋势,2008—2013年增速较高;2013年之前增速不断攀升;2016—2019年增速逐渐下降、趋于平稳;受宏观环

表 3-1 中国城市绿色创新指数（2006—2021 年）

城市	2006年	2007年	2008年	2009年	2010年	2011年	2012年	2013年	2014年	2015年	2016年	2017年	2018年	2019年	2020年	2021年
北京	23.3	24.7	27.9	30.7	33.8	38.9	44.1	57.3	61.8	62.9	60.0	59.3	58.9	51.4	77.8	80.3
上海	12.3	11.3	10.2	12.5	13.1	14.2	13.6	15.3	15.5	16.4	17.8	19.2	18.2	18.3	27.2	32.3
深圳	4.8	5.9	6.6	9.0	8.8	11.5	12.0	12.6	12.8	15.3	18.0	23.4	21.8	19.5	25.7	36.1
广州	2.2	5.6	5.0	5.7	6.0	5.8	6.4	7.5	8.8	10.1	13.6	17.1	19.3	16.3	24.9	25.9
东莞	0.6	0.7	1.2	1.5	2.2	2.4	2.8	3.3	3.3	4.1	5.5	7.4	6.8	5.3	6.9	7.7
佛山	0.9	1.0	1.0	1.2	1.5	2.2	2.3	2.9	3.7	4.7	5.8	7.3	7.0	5.1	7.3	8.3
珠海	0.3	0.5	0.6	0.6	0.8	1.1	1.5	1.6	1.7	2.3	2.8	3.1	3.7	3.9	5.0	5.0
中山	0.2	0.3	0.4	0.5	0.9	1.0	1.3	1.2	1.4	1.7	2.7	3.0	2.8	2.4	2.8	3.0
惠州	0.2	0.2	0.3	0.6	0.7	1.1	1.1	1.3	1.5	1.8	2.1	2.7	2.2	2.2	3.1	10.4
江门	0.5	0.7	0.5	0.5	0.5	0.7	0.8	0.8	1.0	1.1	1.3	1.7	1.9	1.5	1.9	2.0
汕头	0.2	0.2	0.6	0.5	0.3	0.6	0.6	0.6	0.7	0.8	0.9	1.2	1.0	1.2	1.3	1.4
肇庆	0.1	0.2	0.2	0.4	0.3	0.3	0.5	0.5	0.6	0.7	0.8	1.0	1.1	1.2	1.4	1.6
南京	3.8	2.3	4.3	5.0	7.0	8.2	7.5	8.7	10.1	12.0	13.1	14.0	14.8	14.2	24.4	23.4
苏州	1.0	1.7	1.8	2.6	3.5	5.1	6.3	7.7	8.8	9.3	10.4	11.1	12.4	10.2	17.6	19.2
无锡	1.4	1.0	2.4	2.4	2.8	3.5	4.1	4.3	4.6	5.2	6.4	6.3	6.2	6.9	9.3	9.8
常州	0.5	0.6	0.8	1.6	1.6	2.4	3.1	2.9	3.1	3.6	4.0	4.0	4.1	3.7	6.4	7.4

续表

城市	2006年	2007年	2008年	2009年	2010年	2011年	2012年	2013年	2014年	2015年	2016年	2017年	2018年	2019年	2020年	2021年
徐州	0.1	0.1	0.3	0.5	0.7	0.9	1.2	1.4	1.4	1.6	2.1	2.6	3.3	3.2	4.5	5.6
南通	0.6	0.5	0.4	0.9	1.2	1.5	1.4	1.9	2.1	2.3	2.4	3.5	3.4	3.2	4.2	6.7
盐城	0.2	0.4	0.3	0.4	0.5	0.6	0.8	0.8	1.1	1.3	1.8	2.6	2.9	2.6	4.0	4.9
扬州	0.3	1.1	0.3	0.7	0.7	1.7	1.3	1.3	1.3	1.6	2.1	2.5	3.0	2.5	4.2	3.9
镇江	1.0	0.3	0.5	1.6	1.0	1.3	1.6	2.1	2.1	2.2	3.2	3.1	3.0	2.4	3.4	4.1
泰州	0.2	0.3	0.4	0.4	0.5	0.5	0.8	0.8	1.0	1.2	1.8	2.6	2.8	2.3	3.1	3.5
宿迁	0.0	0.0	0.1	0.2	0.1	0.3	0.4	0.5	0.5	0.6	0.7	1.2	1.5	1.2	2.1	2.2
淮安	0.1	0.1	0.1	0.3	0.3	0.4	0.5	0.6	0.8	0.8	1.0	1.5	1.6	1.4	2.1	2.2
连云港	0.4	0.2	0.3	0.2	0.4	0.5	0.5	0.7	0.7	0.7	1.0	1.2	1.3	1.3	1.9	2.0
杭州	5.0	5.3	3.9	4.4	5.5	5.9	6.8	7.4	8.1	9.1	10.6	11.9	13.2	12.8	21.7	24.4
绍兴	0.6	0.8	1.4	1.1	1.1	1.3	1.6	1.9	1.9	3.2	4.8	5.8	6.0	6.1	5.0	5.7
宁波	4.4	1.1	1.6	2.0	2.2	3.2	3.7	4.5	4.7	5.4	6.2	7.2	6.4	5.3	7.0	7.8
温州	0.5	1.1	0.7	0.9	1.0	1.6	1.6	2.2	2.6	2.8	4.1	5.0	5.7	4.7	4.5	5.8
嘉兴	0.2	0.7	0.6	0.8	1.2	1.2	1.5	1.7	2.1	2.5	3.1	3.9	4.8	3.9	5.4	5.6
金华	0.3	0.3	0.4	0.6	0.9	1.1	1.4	1.8	1.6	2.2	2.9	3.2	3.7	3.4	4.0	4.2
台州	0.5	0.5	0.7	1.0	1.1	1.3	1.3	1.6	1.9	2.3	3.1	3.4	3.9	3.3	3.4	3.7
湖州	0.5	0.5	0.5	0.6	0.7	0.9	1.2	1.6	2.0	2.2	2.5	3.3	3.6	3.3	3.5	4.4

续表

城市	2006年	2007年	2008年	2009年	2010年	2011年	2012年	2013年	2014年	2015年	2016年	2017年	2018年	2019年	2020年	2021年
丽水	0.2	0.3	0.2	0.2	0.4	0.6	0.6	0.9	1.0	0.9	1.1	1.5	2.0	1.9	1.8	1.8
衢州	0.4	0.5	0.2	0.3	0.5	0.6	0.5	0.8	1.0	1.0	1.4	1.6	1.8	1.6	2.2	2.1
舟山	0.2	0.2	0.2	0.3	0.4	0.5	0.6	0.8	1.0	1.1	1.3	1.3	1.4	1.4	1.6	1.5
青岛	1.5	1.5	1.3	1.2	2.2	2.4	3.4	5.0	5.2	6.3	6.7	7.6	7.1	6.3	10.7	11.8
济南	1.3	1.1	1.0	2.2	1.8	2.5	3.3	4.3	4.5	5.3	6.2	5.7	6.1	5.4	11.2	11.6
潍坊	0.2	0.3	0.4	0.5	0.7	0.8	0.9	1.3	1.5	1.9	2.3	2.6	2.8	2.7	4.3	4.9
烟台	0.2	0.3	0.8	0.5	0.7	0.8	1.1	1.3	1.3	1.5	2.0	2.3	2.5	2.2	3.3	3.8
东营	0.4	0.4	0.6	0.6	0.6	0.4	0.5	0.7	0.8	1.4	1.2	1.4	1.6	1.8	2.8	3.0
临沂	0.2	0.3	0.2	0.2	0.4	0.4	0.4	0.7	0.7	1.3	1.1	1.5	1.5	1.7	2.6	2.8
济宁	0.2	0.2	0.3	1.1	0.4	0.9	0.7	0.8	1.0	1.1	1.4	1.5	1.7	1.6	2.3	2.8
淄博	0.4	0.5	0.7	0.5	0.8	0.8	0.8	1.0	1.3	1.5	1.6	1.9	1.9	1.8	2.6	2.9
聊城	0.2	0.2	0.2	0.3	0.3	0.4	0.5	0.5	0.7	0.9	1.2	1.3	1.5	1.5	2.3	2.0
威海	0.3	0.2	0.2	0.4	0.4	0.4	0.5	0.6	0.7	1.0	1.1	1.3	1.4	1.4	1.8	2.2
泰安	0.5	0.2	0.2	0.2	0.5	0.5	0.6	0.6	0.8	0.9	1.2	1.2	1.6	1.3	2.1	2.5
德州	0.3	0.3	0.2	0.8	0.4	0.5	0.5	0.5	0.6	0.7	1.0	1.1	1.3	1.3	2.0	2.0
枣庄	0.1	0.2	0.2	0.5	0.2	0.3	0.3	0.6	0.6	0.8	0.7	1.0	1.1	1.2	1.5	1.7
泉州	0.1	0.3	0.3	0.5	0.8	1.1	1.3	1.5	1.9	2.6	4.0	5.0	5.0	5.4	3.8	3.9

续表

城市	2006年	2007年	2008年	2009年	2010年	2011年	2012年	2013年	2014年	2015年	2016年	2017年	2018年	2019年	2020年	2021年
福州	0.4	0.7	0.7	1.3	1.4	1.4	1.7	2.4	2.5	3.0	4.4	4.6	4.7	4.0	6.0	6.2
厦门	1.0	0.6	1.4	1.6	1.0	1.6	1.6	2.0	2.4	2.7	3.1	4.1	4.1	3.6	5.4	5.5
漳州	0.1	0.1	0.3	0.3	0.5	0.6	0.6	0.7	0.8	0.9	1.2	1.6	1.7	1.6	2.1	1.8
龙岩	0.3	0.1	0.2	0.3	0.3	0.4	0.5	0.6	0.7	0.9	1.3	1.5	1.4	1.5	1.9	1.7
宁德	0.1	0.1	0.2	0.4	0.3	0.5	0.6	0.6	0.7	0.8	1.1	1.2	1.2	1.3	1.3	1.5
石家庄	0.5	0.3	0.5	0.9	0.8	0.9	1.0	1.5	1.5	1.7	2.4	2.4	3.2	2.9	5.8	5.4
保定	0.3	0.3	0.5	0.4	1.0	1.1	1.0	1.7	1.3	1.6	1.8	2.0	2.1	2.1	3.3	3.4
唐山	0.1	0.1	0.3	0.4	0.4	0.6	0.5	0.7	0.9	0.8	1.0	1.4	1.6	1.4	2.2	2.2
秦皇岛	0.1	0.1	0.1	0.3	0.5	0.3	0.4	0.4	0.6	0.6	0.9	1.0	1.2	1.4	1.4	1.7
廊坊	0.2	0.2	0.2	0.3	0.3	0.4	0.5	0.4	0.5	0.7	0.8	1.1	1.5	1.2	1.8	1.7
沧州	0.1	0.1	0.2	0.4	0.5	0.3	0.3	0.4	0.4	0.6	0.7	0.8	1.1	1.1	1.6	1.6
邯郸	0.1	0.1	0.1	0.2	0.2	0.3	0.5	0.5	0.6	0.6	0.8	0.9	1.2	1.1	1.7	1.6
邢台	0.1	0.1	0.1	0.1	0.2	0.2	0.3	0.4	0.5	0.5	0.6	0.8	0.9	1.0	1.4	1.2
天津	1.4	2.9	1.9	3.3	3.4	4.3	4.8	5.9	6.3	7.7	9.5	9.6	10.1	8.0	13.1	12.7
合肥	0.3	0.4	1.1	1.3	1.3	2.3	2.1	2.7	3.9	4.5	6.5	7.8	8.2	6.9	9.8	10.6
芜湖	0.2	0.3	0.3	0.4	1.0	0.8	0.9	1.4	1.9	2.2	2.8	3.0	3.7	2.5	2.7	3.3
马鞍山	0.3	0.2	0.4	0.3	0.3	0.4	0.5	0.8	1.0	1.1	1.5	1.9	2.2	1.8	2.1	2.2

续表

城市	2006年	2007年	2008年	2009年	2010年	2011年	2012年	2013年	2014年	2015年	2016年	2017年	2018年	2019年	2020年	2021年
蚌埠	0.2	0.2	0.2	0.6	0.4	0.6	0.9	0.8	1.0	1.1	1.3	1.3	1.4	2.2	1.4	2.6
阜阳	0.1	0.2	0.2	0.3	0.3	0.4	0.3	0.5	0.6	0.7	1.0	1.3	1.6	1.3	1.5	1.5
滁州	0.1	0.2	0.2	0.3	0.2	0.3	0.5	0.7	0.9	1.0	1.3	1.4	1.6	1.5	1.8	2.0
六安	0.1	0.2	0.2	0.2	0.2	0.3	0.3	0.4	0.6	0.7	0.8	1.1	1.3	1.2	1.3	1.3
武汉	2.0	3.1	2.6	4.1	3.6	4.9	5.0	6.3	6.7	7.5	9.0	12.2	10.9	9.6	17.5	19.0
宜昌	0.2	0.3	0.5	0.6	0.6	0.6	0.9	1.0	1.3	1.6	1.8	1.9	1.9	1.8	2.1	2.6
襄阳	0.7	0.7	0.7	0.7	0.7	0.7	0.9	1.0	1.0	1.2	1.4	1.4	1.5	1.3	1.8	1.9
郑州	0.4	0.4	1.8	2.0	2.2	3.0	2.0	2.6	2.5	3.1	4.4	5.3	6.3	5.1	9.6	8.7
许昌	0.1	0.1	0.4	0.3	0.5	0.8	0.7	1.0	1.1	1.4	1.9	2.0	2.0	1.5	1.9	1.3
洛阳	0.6	0.4	0.6	0.7	0.7	1.1	0.8	1.3	1.3	1.1	1.2	1.3	1.7	1.4	1.7	2.0
长沙	1.4	1.7	1.6	2.7	2.8	3.8	3.3	3.7	4.2	5.4	6.2	7.1	7.1	6.7	10.0	11.2
株洲	0.4	0.5	0.5	0.5	0.5	0.7	0.8	1.0	1.4	1.5	1.7	1.9	1.7	1.7	2.1	2.1
湘潭	0.2	0.2	0.4	0.4	0.3	0.5	0.6	0.8	1.0	1.0	1.3	1.4	1.4	1.4	1.6	1.6
衡阳	0.1	0.2	0.2	0.5	0.2	0.3	0.3	0.6	0.8	0.9	1.1	1.1	1.1	1.3	1.6	1.4
南昌	1.1	1.0	0.4	1.1	0.9	0.8	1.2	1.1	1.3	1.5	2.1	2.7	2.8	2.5	3.7	4.2
太原	0.3	1.0	0.6	1.1	1.3	1.0	1.2	1.3	1.7	1.9	2.1	2.1	2.4	2.4	3.9	4.1
呼和浩特	0.1	0.1	0.2	0.2	0.3	0.2	0.3	0.4	0.5	0.5	0.6	1.0	1.1	1.1	1.7	1.8

续表

城市	2006年	2007年	2008年	2009年	2010年	2011年	2012年	2013年	2014年	2015年	2016年	2017年	2018年	2019年	2020年	2021年
成都	4.7	1.7	2.6	2.7	3.4	4.1	4.6	5.8	6.6	8.4	9.9	12.0	11.9	9.9	15.2	15.8
绵阳	0.2	0.2	0.1	0.2	0.4	0.5	0.5	0.5	0.8	1.0	1.2	1.5	1.6	1.5	1.9	2.1
西安	0.6	1.0	1.6	4.2	3.8	3.6	4.8	5.0	5.6	5.5	6.8	7.9	8.0	7.0	12.9	14.8
重庆	0.9	2.3	1.1	2.4	2.1	3.1	3.6	4.1	4.9	8.0	6.9	7.1	7.7	6.8	10.0	11.7
昆明	1.8	1.4	1.1	1.6	1.6	2.0	2.5	2.4	2.8	3.3	4.1	4.2	4.4	4.1	6.3	6.6
南宁	0.1	0.2	0.7	0.4	0.8	1.0	1.4	2.2	2.2	2.5	2.6	2.5	2.2	2.1	3.7	4.0
兰州	0.1	0.3	0.2	0.6	0.6	0.7	1.1	1.3	1.3	1.4	1.6	1.9	1.9	2.5	3.4	3.3
贵阳	0.4	2.4	0.6	0.8	0.8	1.1	1.3	1.5	1.6	1.7	1.7	2.1	2.5	2.2	2.7	2.9
乌鲁木齐	0.1	0.1	0.2	0.5	0.7	0.8	0.9	0.9	1.2	1.2	1.6	1.4	1.6	1.7	2.5	2.3
银川	0.1	0.4	0.5	0.3	0.4	0.4	0.7	0.6	0.6	0.9	1.0	1.2	1.3	1.2	2.2	2.0
西宁	0.4	0.0	0.1	0.1	0.3	0.2	0.2	0.5	0.6	0.9	1.1	1.2	1.2	1.3	2.1	1.7
沈阳	2.5	2.2	1.5	1.7	1.4	2.4	2.0	2.6	3.2	3.1	3.8	3.9	4.3	3.3	5.1	5.2
大连	0.9	1.1	1.6	1.9	1.9	2.4	2.7	2.8	2.5	2.4	2.8	2.7	3.4	2.4	4.2	4.1
长春	0.4	0.9	0.5	0.7	1.2	1.5	1.3	1.4	1.9	1.7	2.0	3.1	2.9	2.7	4.0	4.7
吉林	0.3	0.2	0.3	0.1	0.3	0.5	0.5	0.5	0.8	0.7	0.9	1.1	1.2	1.4	1.9	1.7
哈尔滨	0.8	0.9	0.9	1.8	1.2	1.9	2.0	2.4	2.7	3.1	2.9	3.1	3.2	3.0	3.9	5.4

境因素以及专利审查严格化因素的影响,2019年增速呈现快速下降特征;2019年之后,随着政府加强对绿色产业的支持和投入,增速反弹迅速,并创下了较高的水平。二是上海。上海绿色创新指数整体上呈现波浪式的变化特征,2006—2008年指数下降较为明显,2019—2020年,指数得到了较大幅度的提升,出现了突破性的增长,从18.3上升到了27.2,2021年更是大幅度增长到32.3。在各年份增速的变化特征中,可以看到上海绿色创新指数增速存在较大的波动性,例如2013—2014年,增速下降到1.1%;2017—2018年,增速更是由正转负,达-5.3%,直到2020年和2021年,增速才得以大幅提升。三是天津。天津绿色创新指数从2006年的1.4逐年上升至2021年的12.7,2019年有显著下降,但总体仍呈现稳步上升的态势。增速整体呈现先上升后下降的趋势,2009年之后增速呈现波动中下降趋势,尤其是在2019年骤降21%,但在2020年和2021年显著反弹。四是重庆。重庆绿色创新指数整体呈现逐年增长的趋势,从2006年的0.9上升至2021年的11.7,增长12倍。各年份增速波动较大,2019年增速骤降-11.7%,但2020年和2021年明显反弹。综上四大直辖市比较总结:从绿色创新指数比较看,北京最高,其次是上海、天津和重庆,而且这一格局较为稳定。从增长趋势看,四大直辖市绿色创新指数都呈现上升趋势,不过,除北京稳步提升外,其他城市增速波动均较大。从平均增速看,重庆最高,为18.6%;天津次之,为16.1%,北京和上海分别为8.6%和6.7%。另外,还有一个共同特征,2019年均出现显著下降,后迅速反弹,这可能与2020年新冠疫情拖累审查速度有关。

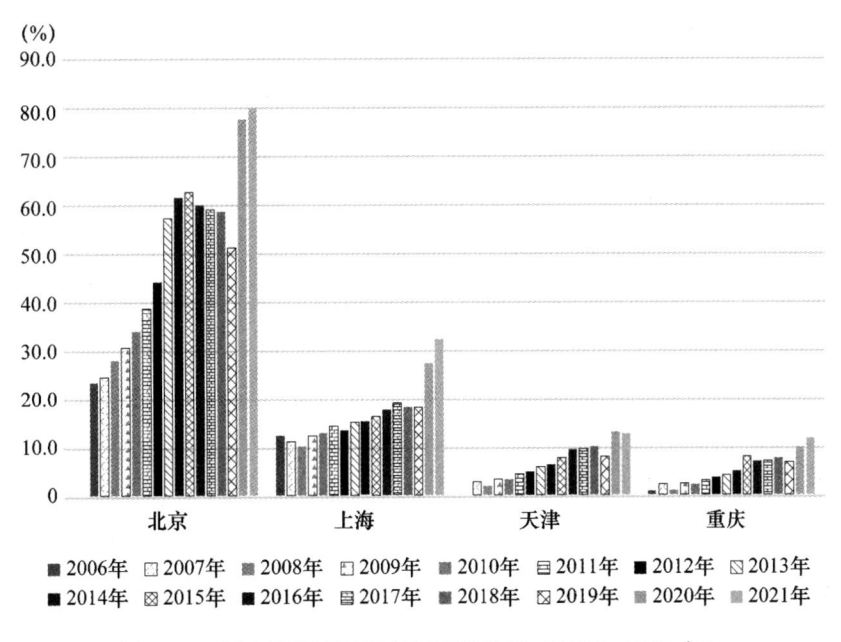

图 3-1 四大直辖市绿色创新指数变动（2006—2021 年）

2. 省会及以上行政级别城市之间绿色创新能力差距较大，北京始终居于首位

根据图 3-2，对比分析 2006—2021 年四大直辖市、副省级城市和省会城市绿色创新指数平均值、增幅和平均增速发现：一是从绿色创新指数平均值看，北京最高，达 49.6，遥遥领先。上海、深圳、广州和南京绿色创新指数平均值在 10 以上，属于高水平，城市绿色创新较为活跃。杭州、武汉、成都、天津、西安、重庆和青岛绿色创新指数平均值为 5—10，属于较高水平。长沙、济南、宁波、合肥、郑州、昆明、沈阳、福州、厦门、大连、哈尔滨、石家庄等城市绿色创新指数平均值为 2—5，属于中等水平。长春、南宁、太原、南昌、贵阳、兰州、乌鲁木齐等城市绿色创新指数平均值为 1—2，属于中等偏低水平。银川、西宁和呼和浩特绿色创新指数平均值低于 1，属于低水平，绿色创新能力不足。二是从增幅和增速看，北京、上海、杭州、南京和成都绿色创新指数的增幅较小，分别为 2.4 倍、1.6 倍、3.9 倍、5.1 倍

和 2.4 倍，平均增速分别为 8.6%、6.7%、11.2%、12.5% 和 8.4%，原因是这些城市在绿色创新方面已经拥有一定的基础，受限于基数较大，增长速度相对较慢。相较而言，深圳和广州虽然绿色创新基础较高，但呈现快速增长态势，分别增加了 6.4 倍和 10.6 倍，平均增速高达 14.3% 和 17.8%。合肥、郑州、呼和浩特、西安、南宁和银川等城市的绿色创新指数增幅倍数较高，都达到 20 倍以上，其中合肥、呼和浩特增幅分别达到 31.5 倍和 32.1 倍，平均增速分别为 26.1% 和 26.3%，在绿色创新方面进步非常明显。部分城市绿色创新指数增幅较低，如沈阳、昆明、南昌、大连以及西宁等，表现出基数和增幅"双低"的特征。总体上，行政力量对于城市资源配置具有较大的影响。随着中国特色社会主义市场经济体制不断完善，这一力量依然对城市基础设施投入、人才吸引、交通设施、创业环境、教育环境等方面有着较强影响，促使城市资源、企业和人才的进一步集聚，提高了城市全要素生产率等，而且高级别城市有着更强的绿色发展考核约束，绿色创新与绿色发展激励更强。

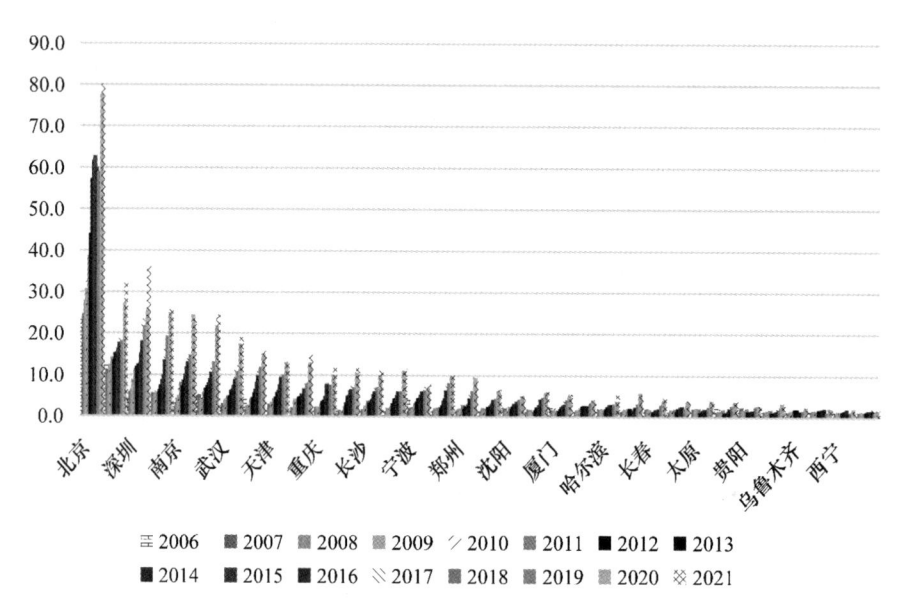

图 3-2 四大直辖市、副省级城市及省会城市绿色创新指数变动（2006—2021 年）

3. 基于绿色创新指数及平均增速双重视角下城市分类特征

图 3-3 呈现了"绿创百城"2021 年绿色创新指数和 2006—2021 年绿色创新平均增速，一个总体的规律是绿色创新水平高的城市总体上对应着相对较低的平均增速。根据这一特征，通过进一步细化绿色创新指数和增速分类，能够更准确地概括不同城市的绿色创新发展路径。具体地，根据 2021 年绿色创新指数，可将"绿创百城"划分为高指数（指数 > 10）、中指数（10 > 指数 > 5）、低指数（指数 < 5）三类；进一步，根据 2006—2021 年绿色创新指数平均增速，可将其划分为高增速（平均增速 > 20%）、中增速（10% < 平均增速 < 20%）、低增速（平均增速 < 10%）三类。最终，基于绿色创新指数大小和平均增速双重标准，可以将城市划分为"高指数—高增速""高指数—中增速""高指数—低增速""中指数—高增速""中指数—中增速""中指数—低增速""低指数—高增速""低指数—中增速""低指数—低增速"9 类。

表 3-2 呈现了 9 类城市分组情况。一方面，高指数组、中指数组城市数量相对较少，分别为 17 个和 18 个，占比为 35%，具有较好的绿色创新水平，但对应的平均增速中，大都处于中增速和低增速区间范畴。具体而言，仅苏州（19.0，21.6%）、西安（11.8，23.5%）满足高指数—高增速标准，满足高指数—低增速的城市有 4 个，分别是北京（80.3，8.6%）、成都（14.8，8.4%）、镇江（19.2，9.6%）和上海（36.1，6.7%）。另一方面，低指数分组的城市数量较多，有 65 个，占比为 65%，对应的平均增速中，有 5 个城市符合低指数—低增速标准，分别是江门（2.6，9.9%）、襄阳（2.8，7.1%）、洛阳（3.0，7.7%）、沈阳（4.2，4.9%）和南昌（4.9，9.4%），其他大部分城市符合低指数—高增速标准，如宁德（1.6，20.8%）、福州（4.1，20.1%）和芜湖（4.9，21.7%）

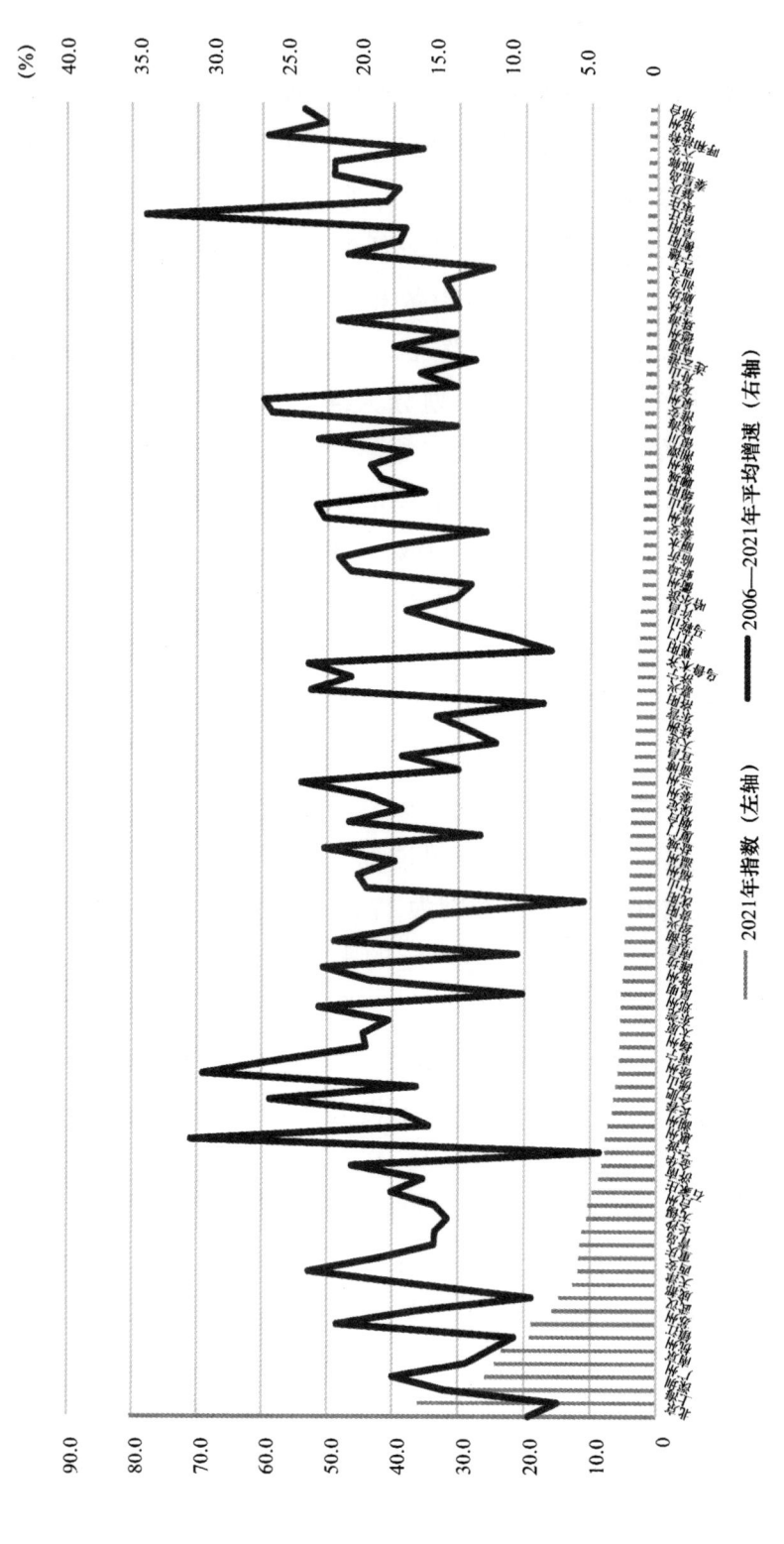

图 3-3 "绿创百城"绿色创新指数及平均增长率特征

注：因篇幅受限，"绿创百城"名称未全部显示，全书同。

等，以及符合低指数—中增速标准，如丽水（2.2，17.5%）、厦门（4.0，11.9%）、温州（4.1，17.6%）、中山（4.2，19.5%）和贵阳（4.4，15.2%）等，说明这些城市在绿色创新方面的投入和努力取得一定的成效，呈现显著的追赶态势。

表3-2 "绿创百城"分类：基于绿色创新指数及平均增速的双重标准

分类标准	城市
高指数—高增速（2个）	苏州（19.0，21.6%）、西安（11.8，23.5%）
高指数—中增速（11个）	台州（10.4，14.9%）、无锡（10.6，14.1%）、长沙（11.2，14.9%）、青岛（11.6，15.0%）、重庆（11.7，18.6%）、天津（12.7，16.1%）、武汉（15.8，16.1%）、杭州（23.4，11.2%）、南京（24.4，12.8%）、广州（25.9，17.8%）、深圳（32.3，14.3%）
高指数—低增速（4个）	成都（14.8，8.4%）、镇江（19.2，9.6%）、上海（36.1，6.7%）、北京（80.3，8.6%）
中指数—高增速（7个）	潍坊（5.0，22.5%）、郑州（5.4，22.8%）、南宁（5.7，25.3%）、徐州（5.8，30.7%）、合肥（6.6，26.1%）、惠州（7.7，31.5%）、金华（8.3，20.5%）
中指数—中增速（9个）	常州（5.2，19.3%）、东莞（5.5，18.0%）、太原（5.6，19.7%）、扬州（5.6，19.6%）、佛山（6.2，16.2%）、长春（6.7，17.3%）、湖州（7.4，15.3%）、济南（8.7，15.7%）、石家庄（9.8，17.9%）
中指数—低增速（2个）	昆明（5.4，9.0%）、宁波（7.8，3.9%）
低指数—高增速（23个）	邢台（1.2，23.8%）、沧州（1.3，22.4%）、呼和浩特（1.3，26.3%）、邯郸（1.4，21.8%）、秦皇岛（1.5，21.8%）、宿迁（1.6，34.6%）、宁德（1.6，20.8%）、珠海（1.7，21.5%）、泉州（2.0，26.6%）、淮安（2.0，26.0%）、银川（2.0，22.8%）、唐山（2.1，23.0%）、漳州（2.1，22.4%）、临沂（2.2，21.5%）、蚌埠（2.2，20.6%）、乌鲁木齐（2.8，23.5%）、济宁（2.9，20.6%）、嘉兴（2.9，23.3%）、兰州（3.7，24.0%）、烟台（3.9，20.7%）、盐城（4.1，22.4%）、福州（4.1，20.1%）、芜湖（4.9，21.7%）

续表

分类标准	城市
低指数—中增速（37个）	六安（1.4，15.8%）、肇庆（1.5，17.4%）、枣庄（1.5，18.3%）、阜阳（1.6，17.0%）、衡阳（1.6，17.4%）、西宁（1.7，11.1%）、汕头（1.7，14.3%）、廊坊（1.7，13.8%）、吉林（1.7，13.4%）、德州（1.7，13.6%）、南通（1.8，17.7%）、连云港（1.8，12.2%）、舟山（1.8，16.0%）、龙岩（1.9，13.5%）、威海（2.0，13.5%）、湘潭（2.0，16.6%）、滁州（2.0，19.3%）、聊城（2.0，18.6%）、绵阳（2.1，15.7%）、泰安（2.2，11.5%）、丽水（2.2，17.5%）、衢州（2.2，12.5%）、哈尔滨（2.3，13.5%）、许昌（2.5，16.9%）、马鞍山（2.6，13.8%）、东营（3.0，14.8%）、株洲（3.3，12.7%）、大连（3.3，10.8%）、宜昌（3.4，17.2%）、淄博（3.5，13.3%）、泰州（3.8，19.4%）、保定（3.9，17.2%）、厦门（4.0，11.9%）、温州（4.1，17.6%）、中山（4.2，19.5%）、贵阳（4.4，15.2%）、绍兴（4.7，16.7%）
低指数—低增速（5个）	江门（2.6，9.9%）、襄阳（2.8，7.1%）、洛阳（3.0，7.7%）、沈阳（4.2，4.9%）、南昌（4.9，9.4%）

（二）空间差异较大，逐渐从"中心—外围"向均衡发展格局演变

1. 区域绿色创新指数呈现东部、中部、西部、东北地区梯度递减空间格局

图3-4呈现了区域绿色创新指数加总变动特征。2006—2021年，东部地区的指数均值始终最高，而且呈现逐年增长的趋势，平均增速约为12.9%。在经历了2019年的短暂下降后，2020—2021年迅速反弹。中部地区指数均值低于东部地区，但高于西部和东北地区，而且平均增速也最高，达到16.2%，指数均值增长主要集中在2008—2016年，此后增速有所放缓，2019年后也经历了大幅下降、迅速反弹的过程。西部地区指数均值始终低于中部地区，但比东北地区略高，也

呈逐年增长的趋势，平均增速为14%。东北地区的指数均值始终最低，增速也较为缓慢，平均增速为10.2%，在各地区中最低，2009—2013年，指数均值有所上升，但之后又出现了下降趋势，类似于其他地区，也经历了2019年骤降、随后反弹的过程。

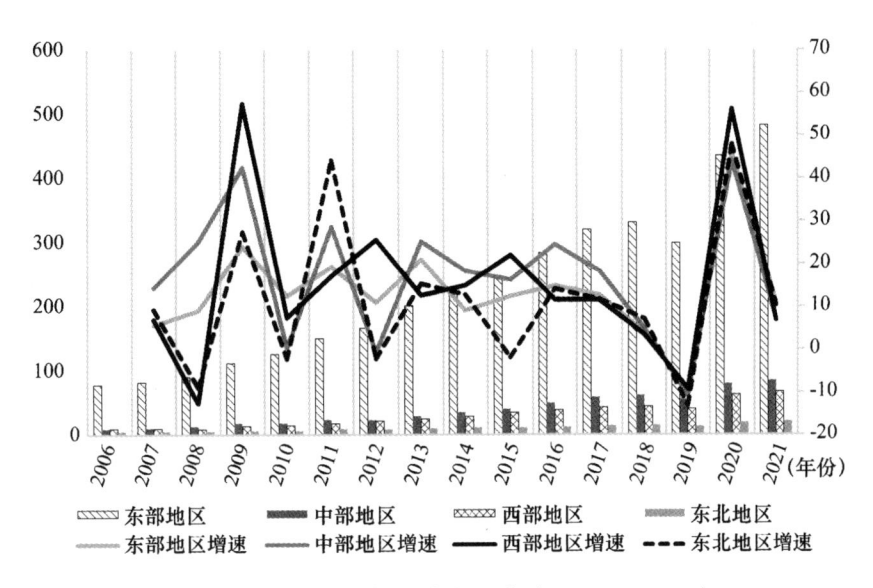

图3-4　区域绿色创新指数加总变动（2006—2021年）

综上分析，各个地区绿色创新水平都在波动中提升，体现了各地方政府和企业对绿色发展重视程度的不断提升。不同区域绿色创新指数呈现东、中、西、东北地区梯度递减空间格局，东部地区绿色创新水平一直处于领先地位，其他地区相对滞后，尤其是东北地区绿色创新水平较低。2019年之前，各地区绿色创新呈现指数上升、增速放缓的态势，究其原因，政策变化、技术转化不足以及市场需求有限等因素都可能影响绿色创新的增速，政策的变化是影响绿色创新增速放缓的主要原因之一。"十一五"时期以来，政府出台了诸多绿色发展与创新激励政策，如财政资助、低碳排放标准、税收政策、专利资助、研发加计扣除等，对绿色创新发展有着积极的促进作用，然而，由于政策变化较为频繁，不同地区存在政策推行不力、执行难度大等问题，导致绿色创新难以继续保持高速增长。另外，技术转化过程中存在诸多困难，如技术复杂度、市场适应性等问题，将会导致技术转化效率低下，对绿色创新持续发展造成负面影响。最后，不同地区、不同市场对绿色产品和技术的需求程度不同，有些地区和市场并没有明显的绿色创新需求，这也会使绿色创新增速放缓。

2. 绿色创新指数分布动态演进特征

图 3-5 基于 Kernel 密度估计方法呈现了 2007—2021 年主要年份绿色创新指数分布动态演进特征。Kernel 密度估计方法是一种非参数估计方法，无须任何有关数据分布的先验知识，其本质为用连续的密度曲线描述随机变量的分布形态演进。根据 Kernel 密度估计方法得到的曲线图分布位置、形态等，可对

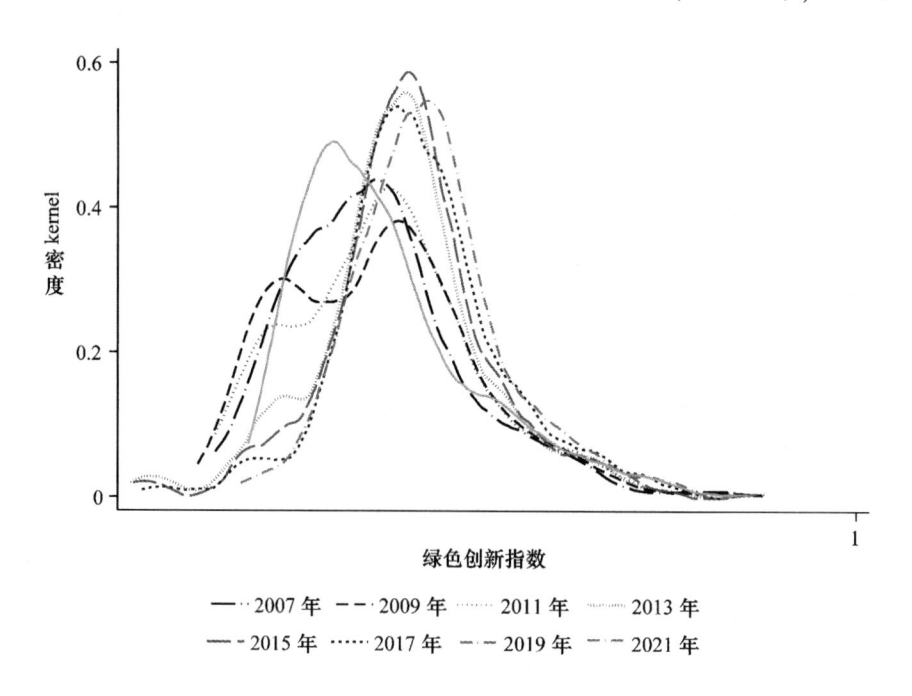

图 3-5 绿色创新指数分布动态演进

绿色创新水平变化特征进行多维描述：分布位置代表绿色创新水平高低，波峰高度和宽度分布形态反映区域差异、延展性，拖尾性代表绿色创新水平极值城市与其他城市的差距，波峰数量反映极化水平及多样性程度。

从曲线分布位置来看，随着时间的推移，整体分布曲线呈现"曲线右移、峰值先升后降、宽度迅速收窄后轻微扩大、右拖尾显著"的演进特征，绿色创新空间溢出效应不断发挥，使得绿色创新开始从"中心—外围"模式向空间均衡发展格局演变。

整体曲线中心和变化区间均逐渐向右移动，表明中国绿色创新水平不断提升，尤其是2012年后快速右移，随后移动速度不断放缓。曲线在2009年部分左移，可能与国际金融危机影响下各地区绿色创新研发投入下降有关。主峰高度呈现先升后降的演变趋势，尤其是2012年之后主峰高度迅速增加且在2017年之后有所下降。

曲线宽度呈现"迅速收窄—轻微扩大"的演变态势，中国绿色创新经历了迅速集聚、不断扩散的变化特征，空间差距先增后减，尤其是2017年之后，绿色创新水平存在极大值、极小值向平均水平靠拢趋势更为突出。随着绿色创新合作水平的提升，绿色创新空间溢出效应不断发挥，使得绿色创新开始从"中心—外围"向空间均衡发展格局演变。历年曲线均具有显著的右拖尾特征，表明绿色创新依旧存在城市极化特征，在部分城市高度集聚。

从分布极化来看，全国样本孕育出了双峰形态，呈现两极分化的空间演变格局，但随着时间的推移，曲线逐渐演变成单峰形态，两极或多极分化趋势逐渐消失。

3. 绿色创新空间差异不断缩小，呈现均衡发展特征

为揭示绿色创新水平的空间差异及其来源，采用Dagum基尼系数及分解方法对其发展水平的相对差异进行测度与分解。传统的变异系数以及 Theil 指数方法忽略了组内交叉重叠，导致其无法识别组间差距对总体差距的贡献，与之相对的是，Dagum 基尼系数能够有效解决样本数据组内交叉重叠的问题，进而有效识别区域差距的具体来源。根据 Dagum（1998）所提基尼系数和子群分解方法①，基尼系数 G 定义如下：

$$G = \frac{\sum_{j}^{k}\sum_{h=1}^{k}\sum_{i=1}^{n_j}\sum_{r=1}^{n_h}|y_{ji}-y_{hr}|}{2n^2\bar{y}} \quad (3-1)$$

其中，j 和 h 代表区域下标，i 和 r 为城市下标，k 代表区域总数，n 代表城市总数，n_j、n_h 分别表示第 j、第 h 个区域内部的城市总数，y_{ji}、y_{hr} 分别表示 j、h 区域内城市 i、r 的绿色创新指数，$\bar{y}$ 表示所有城市层面绿色创新指数的平均值。在对总体基尼系数 G 进行区域分解的时候，第一步有必要计算各区域绿色创新指数均值并进行排序，进一步将基尼系数分解为三个部分：区域内基尼系数（组内差异 G_w）、区域间基尼系数（组间差异 G_{nb}）、区域间超变密度 G_t（区域之间的交叉重叠对总体差距的贡献）三个部分，满足 $G = G_w + G_{nb} + G_t$。其中，区域 j 的基尼系数 G_{jj} 和区域内差异 G_w 的计算公式分别为式（3-2）和式（3-3）；区域 j 和 h 之间的基尼系数 G_{jh} 和区域间差异 G_{nb} 的计算公式分别为式（3-4）和式（3-5）；区域间超变密度 G_t 的计算公式为式（3-6）。

$$G_{jj} = \frac{\frac{1}{2\bar{y}_j}\sum_{i=1}^{n_j}\sum_{r=1}^{n_j}|y_{ji}-y_{hr}|}{n_j^2} \quad (3-2)$$

$$G_w = \sum_{j=1}^{k} G_{jj}P_jS_j \quad (3-3)$$

---

① Dagum, C., "A New Approach to the Decomposition of the Gini Income Inequality Ratio", in *Income Inequality, Poverty, and Economic Welfare*, Physica-Verlag HD, 1998.

$$G_{jh} = \sum_{i=1}^{n_j} \sum_{r=1}^{n_h} \frac{|y_{ji} - y_{hr}|}{n_j n_h (\bar{y}_j + \bar{y}_h)} \qquad (3-4)$$

$$G_{nb} = \sum_{j=2}^{k} \sum_{h=1}^{j-1} G_{jh} (p_j s_h + p_h s_j) D_{jh} \qquad (3-5)$$

$$G_t = \sum_{j=2}^{k} \sum_{h=1}^{j-1} G_{jh} (p_j s_h + p_h s_j)(1 - D_{jh}) \qquad (3-6)$$

式（3-5）中，$p_j = \frac{n_j}{n}$；$s_j = \frac{n_j \bar{y}_j}{n\bar{y}}$；$j = 1,2,3$（东部、中部、西部地区）；$D_{jh}$为区域$j$和$h$之间绿色创新水平的相对影响，计算公式为式（3-7）。式（3-7）中，d_{jh}为区域之间绿色创新指数的差值，计算公式为式（3-8），表示区域间j,h中所有$y_{ji} - y_{hr} > 0$的样本值加总数学期望；p_{jh}为超变一阶矩，计算公式为式（3-9），表示区域j,h中所有$y_{ji} - y_{hr} > 0$的样本值加总数学期望。

$$D_{jh} = \frac{d_{jh} - p_{jh}}{d_{jh} + p_{jh}} \qquad (3-7)$$

$$d_{jh} = \int_0^{\infty} dF_j(y) \int_0^y (y-x) dF_h(x) \qquad (3-8)$$

$$p_{jh} = \int_0^{\infty} dF_h(y) \int_0^y (y-x) dF_j(x) \qquad (3-9)$$

式（3-8）和式（3-9）中，$F_j(F_h)$表示区域$j(h)$绿色创新指数的累积分布函数。

全国及区域内部绿色创新差距不断缩小，呈现空间均衡发展态势。图 3-6 呈现了全国整体及东部、中部、西部地区内部空间基尼系数变化特征。全国基尼系数从 2006 年的 0.63 逐渐下降到 2021 年的 0.51，显示出中国绿色创新水平地区差距正在不断缩小的趋势。东部地区基尼系数一直高于全国平均水平，但也呈现逐年下降的趋势，从 2006 年的 0.65 逐渐下降到 2021 年的 0.52，特别是 2013—2016 年基尼系数降幅明显，说明东部地区协同创新水平不断提升。中部地区基尼系数最初较低，但 2006—2008 年呈现快速增长趋势，从 0.43 增至 0.60，后又开始逐渐下降,而且始终处于全国最低水平。西部地区基尼系数始终处于中间位置,且呈现波动上升的趋势,2008—2011年基尼系数快速增长,但2011年以后波动中下降。总体上,全国和各地区的基尼系数表现出一定的差异性,但总体趋势都是向着更加均衡的方向发展,不同地区绿色创新水平具有空间收敛特征。究其原因,绿色创新水平的空间收敛与技术传播和跨界合作以及绿色创新溢出效应等因素密切相关。随着新一代技术革命与产业变革的深入推进,不同地区之间的技术传播和跨界合作日益便利,促进了绿色创新技术交流和应用。绿色创新水平较高的地区市场需求集中,产业链供应链带动能力较强,有助于通过发挥创新溢出效应,带动整个行业和相关领域的升级,促进区域绿色创新均衡发展。

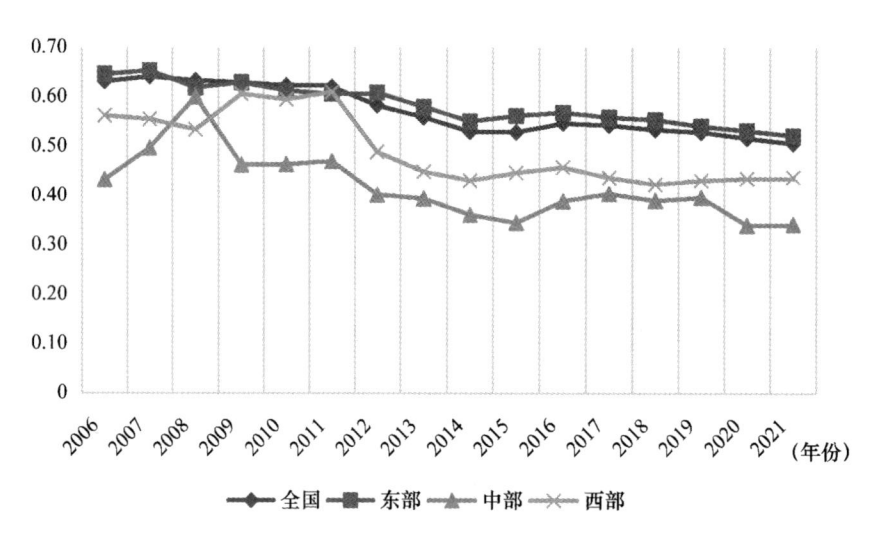

图 3-6 全国及区域内基尼系数(2006—2021年)

区域间绿色创新差距也在不断缩小。图3-7呈现了区域间绿色创新差距变动。2006—2021年,不同区域之间差距呈波动下降趋势,中部—东部、西部—东部、西部—中部的基尼系数分别从0.65、0.70和0.52下降至0.53、0.60和0.44,西部—东部基尼系数位置明显高于中部—东部、西部—中部,绿色创新发展水平差距最大。东部地区良好的绿色创新制度环境、较强的绿色发展意识、健全的绿色基础设施、较高的市场化水平、良好的融资环境、突出的人才优势以及较高的创新研发投入，都为绿色创新提供了重要支撑。相较而言，西部地区受限于自然地理、经济、人才以及资金的制约，使得其绿色创新水平明显低于中部地区与东部地区，加剧了东部—西部绿色创新差距。另外，中部—东部之间的差距高于西部—中部，这同样与东部地区绿色创新指数最高、中部西部地区差距不大有关。通过分析不同区域之间基尼系数下降速度可知，中部—东部、西部—东部以及西部—中部差距平均增速分别为 -1.34%、-1.03%以及 -1.07%，中部—东部差距下降速度最快，东部与中部地区绿色创新均衡发展态势显著。对于西部—东部、西部—中部而言，2012 年之前差距呈微弱扩大趋势，但 2012 年之后快速下降，2016 年之后下降速度趋于平稳；对于中部—东部而言，区域间差距呈现逐渐下降趋势，2012—2016 年快速下降，同样 2016 年之后下降速度保持微弱稳定。

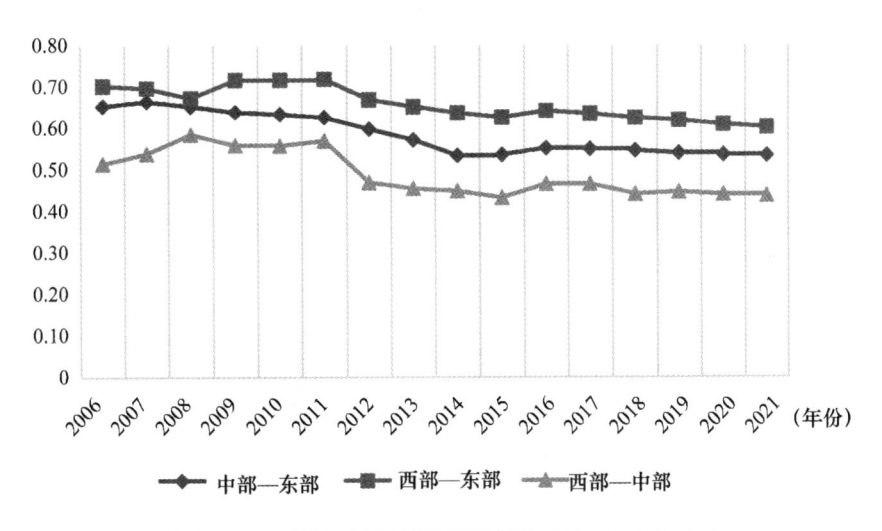

图 3-7 区域间绿色创新差距变动（2006—2021 年）

（三）高投入高产出，高水平研发资金与人员投入形成有效支撑

研发投入是绿色创新水平提升的重要驱动因素。基于可获得数据，图3-8呈现了2017—2019年绿色创新指数与R&D经费支出的散点拟合图。绿色创新指数与城市R&D经费支出高度正相关。2019年，R&D经费支出位居前列的城市有北京、上海、深圳、苏州、广州、杭州、武汉、重庆、南京和天津，研发投入与绿色创新指数大小高度匹配。北京、上海、广州、武汉、杭州等城市位于拟合曲线之上，属于高研发投入、高产出类型。R&D经费支出较少的城市中，如德州、枣庄、六安、邢台、宁德等，对应着较低的绿色创新水平。图3-9呈现了绿色创新指数与城市R&D人员投入散点拟合图，发现城市R&D人员投入也与绿色创新指数高度正相关，但不同城市间R&D人员投入差距巨大，2019年北京以464178人次的R&D人员投入居于首位，是上海的1.5倍、天津的3倍、宁德的50倍。

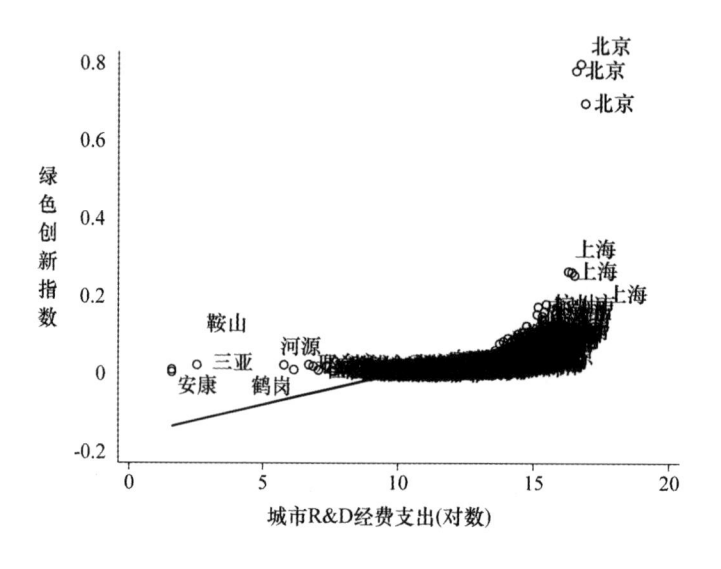

图3-8　绿色创新指数与城市R&D经费支出散点拟合图

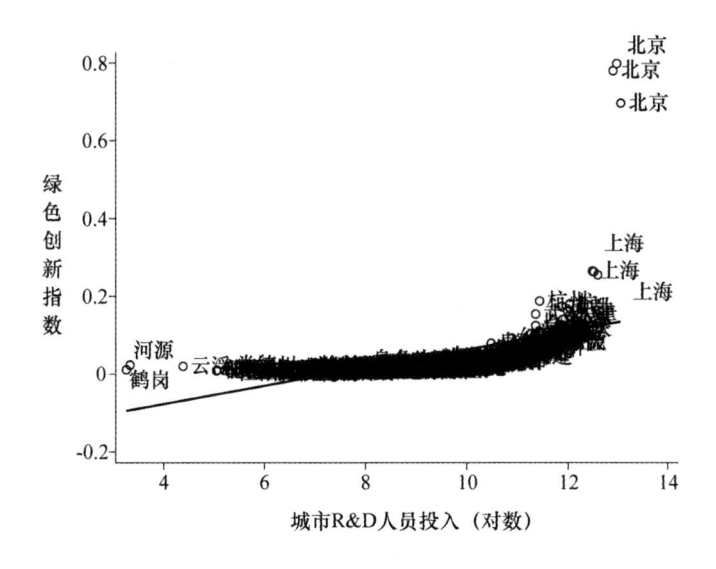

图 3-9　绿色创新指数与城市 R&D 人员投入散点拟合图

（四）集中优势显著，规模效应与集聚效应提供长效动力支持

1. 经济与人口规模效应是绿色创新水平提升的重要动力支撑

图 3-10 与图 3-11 分别呈现了 2006—2020 年城市绿色创新指数与城市 GDP、城市人口规模的散点拟合图。不难发现，指数较高城市具有高经济规模、高人口规模的"双高"特征。一方面，城市 GDP 越高，绿色创新指数越大。北京一枝独秀，历年均处于拟合线之上。部分城市虽然 GDP 较高，但处于拟合线之下，绿色创新效率有待改进。以 2021 年为例，上海、北京、深圳、广州的 GDP 分别为 3.87 万亿元、3.61 万亿元、2.77 万亿元和 2.50 万亿元，位居城市 GDP 总量前列，绿色创新指数分别为 32.3、80.3、36.1 和 25.9，两者高度匹配。另一方面，城市人口规模也与绿色创新指数高度相关。图 3-11 中，北京、上海、广州、深圳、成都、武汉等城市显著位于拟合线

之上，单位城市人口对应着更高的绿色创新指数，人力资本积累水平较高。相较而言，重庆则明显处于拟合线之下，人才对绿色创新支撑力不足。

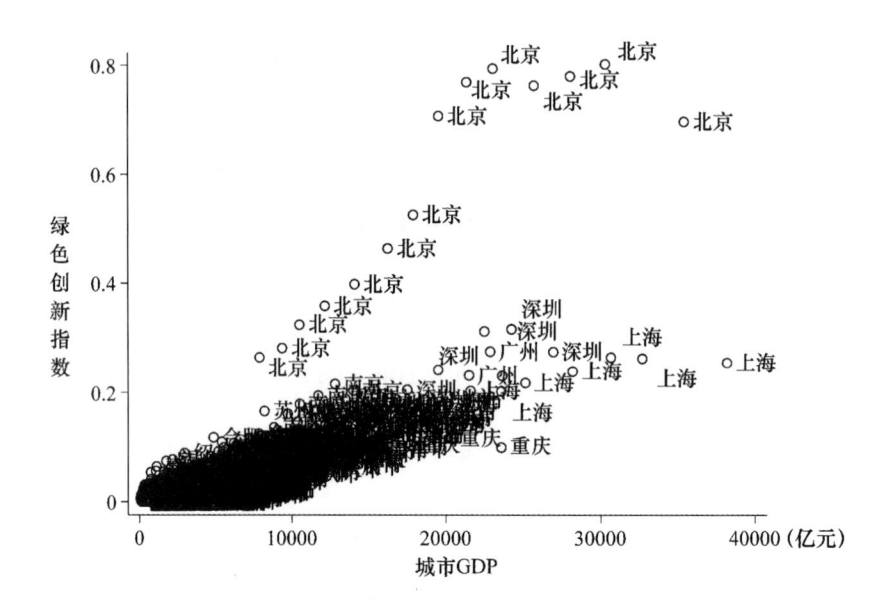

图 3-10　绿色创新指数与城市 GDP 散点拟合图

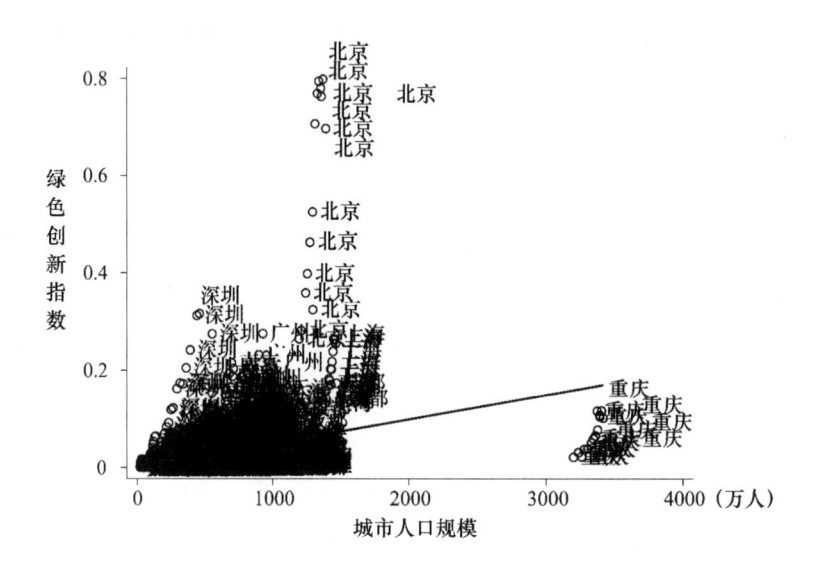

图 3-11　绿色创新指数与城市人口规模散点拟合图

为进一步判断城市人口规模等级与绿色创新指数的关系，对2006—2021年超大城市、特大城市、Ⅰ型大城市、Ⅱ型大城市的指数均值变动趋势进行分析。图3-12呈现了城市人口规模等级与绿色创新指数变动关系。关于城市规模等级划分，国家统计局结合《国务院关于调整城市规模划分标准的通知》（以下简称《标准》）和第七次全国人口普查数据，于2021年9月在《求是》杂志上公布最新结果显示，全国超大城市有7座，分别是上海、北京、深圳、重庆、广州、成都、天津；特大城市有14座，分别是武汉、东莞、西安、杭州、佛山、南京、沈阳、青岛、济南、长沙、哈尔滨、郑州、昆明、大连；此外结合《标准》要求，将苏州、合肥划为特大城市。此外，为反映主要城市人口规模与绿色创新指数关系全貌，还纳入其他省会城市并划分为Ⅰ型大城市和Ⅱ型大城市。根据图3-12不难发现，2006—2021年，超大城市绿色创新指数均明显高于其他类型城市，特大城市次之，Ⅱ型大城市始终处于最低水平。2021年超大城市、特大城市、Ⅰ型大城市和Ⅱ型大城市绿色创新指数

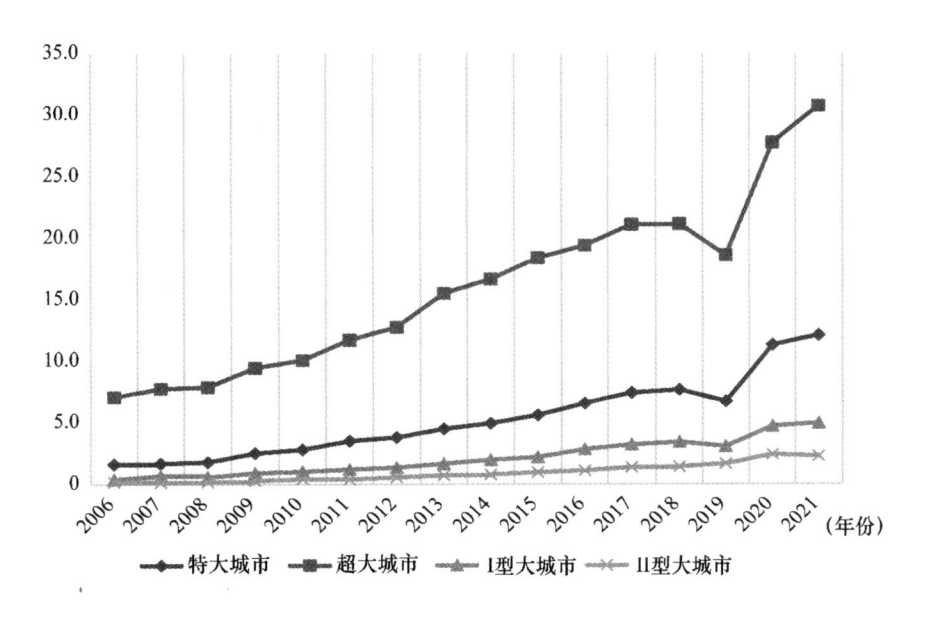

图3-12 城市人口规模等级与绿色创新指数变动（2006—2021年）

分别为 30.7、12.1、4.9 和 2.3，平均增速分别为 10.3%、14.3%、18.3% 和 18.4%。而且可以发现，城市人口规模越大，则绿色创新指数平均增速越低，进一步证实了绿色创新指数的空间收敛特征。

2. 城市群已经成为城市绿色技术创新重要空间载体

图 3-13 呈现了"绿创百城"中不同城市的城市群分布情况。一方面，城市群已经成为绿色创新的重要策源地。统计发现，除宁德外，其他城市均处于各类城市群中。城市群及入围城市数量分别是：长三角城市群（24 个）、京津冀城市群（8 个）、粤港澳大湾区（9 个）、长江中游城市群（8 个）、中原城市群（8 个）、山东半岛城市群（8 个）、淮海城市群（7 个）、海峡西岸城市群（9 个）、成渝地区双城经济圈（3 个）、哈长城市群（3 个）、辽中南城市群（2 个）、兰西城市群（2 个）、天山北坡城市群（1 个）、黔中城市群（1 个）、宁夏沿黄城市群（1 个）、晋中城市群（1 个）、呼包鄂榆城市群（1 个）、滇中城市群（1 个）、关中平原城市群（1 个）和北部湾城市群（1 个）。其中，长三角城市数量大幅领先；粤港澳大湾区、京津冀城市群、长江中游城市群等国家级城市群内大多数城市入围；中原城市群、海峡西岸城市群、山东半岛城市群、淮海城市群等经济相对发达地区城市群也有多数城市入围；其他区域性城市群中，如滇中城市群、黔中城市群、呼包鄂榆城市群、兰西城市群等，几乎仅有省会城市入围。综上，城市群作为现代化经济发展和区域创新的重要平台，已经成为绿色创新的重要策源地之一。随着城市群规模的不断扩大和城市内部的协调发展，城市群通过人才、技术、资本等要素集聚和协同合作，为推进绿色低碳发展提供了得天独厚的机遇。城市群也可以借助区域经济合作平台，整合区域内的科技创新、营商环境、产业链布局等方面的优势，形成产业互补、协同效应，推动区域绿色创新发展。

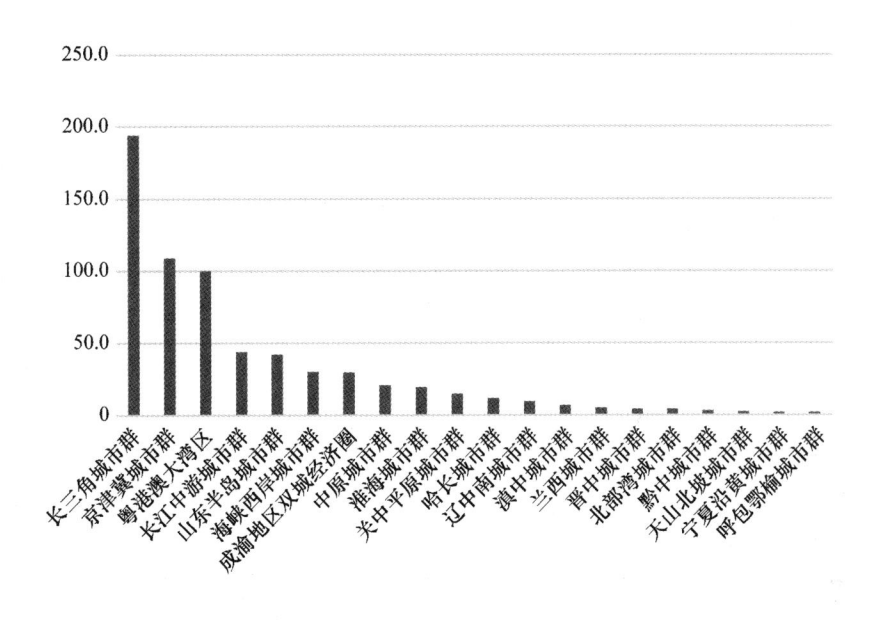

图 3-13 城市群绿色创新指数分布特征（2021 年）

另一方面，不同城市群绿色创新综合指数也有显著差异。表 3-3 呈现了不同城市群绿色创新指数变动趋势。2021 年，长三角城市群的绿色创新指数最高，为 194.0，京津冀城市群紧随其后，达 109.0，粤港澳大湾区为 99.9 分，其他城市群的绿色创新指数较低。相较而言，其他城市群与三大国家级城市群绿色创新指数差距较大。长江中游城市群、山东半岛城市群、海峡西岸城市群、成渝地区双城经济圈绿色创新指数处于第二档次，虽然低于三大国家级城市群，但由于其基本处于东南沿海地区或者被定位于国家战略，其绿色创新水平明显高于其他中西部地区城市群。滇中城市群、兰西城市群、晋中城市群、北部湾城市群、黔中城市群、天山北坡城市群、宁夏沿黄城市群和呼包鄂榆城市群位于欠发达地区，绿色创新指数总体偏低，有待提升。2006—2021 年绿色创新指数平均增速在城市群维度呈现显著的"高指数—低增速"的特征，指数领头城市群如长三角城市群、京津冀城市群、粤港澳大湾区平均增速分别为

表 3-3 城市群绿色创新指数变动趋势（2006—2021 年）

城市群	2006年	2007年	2008年	2009年	2010年	2011年	2012年	2013年	2014年	2015年	2016年	2017年	2018年	2019年	2020年	2021年	平均增速（%）
长三角城市群	34.1	29.9	32.9	41.8	48.6	59.2	63.4	73.9	82.3	93.4	111.6	125.8	132.7	121.5	175.1	194.0	12.3
京津冀城市群	25.9	28.7	31.6	36.6	40.5	46.8	52.6	68.2	73.3	76.5	77.2	77.6	79.7	69.4	107.1	109.0	10.0
粤港澳大湾区	9.9	15.2	15.9	20.0	21.7	26.2	28.8	31.6	34.8	41.9	52.6	66.8	66.6	57.4	79.1	99.9	16.7
长江中游城市群	6.1	6.8	6.8	10.5	9.6	12.3	12.9	15.3	17.6	20.7	24.5	29.6	28.5	26.5	40.4	44.0	14.1
山东半岛城市群	4.7	4.6	5.2	5.9	7.6	8.5	11.0	14.8	16.0	19.4	22.0	23.8	24.7	22.8	38.6	42.3	15.8
海峡西岸城市群	3.1	3.9	4.5	5.8	6.5	8.5	9.1	11.6	13.7	15.6	21.4	26.1	27.6	25.5	28.9	30.2	16.4
成渝地区双城经济圈	5.9	4.3	3.8	5.3	5.8	7.8	8.8	10.4	12.3	17.3	18.0	20.5	21.3	18.2	27.1	29.6	11.4
中原城市群	1.8	1.5	3.5	4.5	5.0	6.7	6.0	7.7	8.3	9.5	12.4	14.3	16.6	15.1	21.4	20.9	17.9
淮海城市群	1.4	1.3	1.6	3.4	2.7	3.9	4.0	5.3	5.5	6.9	8.2	10.3	12.1	11.5	17.1	19.7	19.1
关中平原城市群	0.6	1.0	1.6	4.2	3.8	3.6	4.8	5.0	5.6	5.5	6.8	7.9	8.0	7.0	12.9	14.8	23.5
哈长城市群	1.5	2.0	1.8	2.6	2.8	3.9	3.9	4.4	5.4	5.4	5.8	7.2	7.2	7.2	9.8	11.8	14.8
辽中南城市群	3.4	3.3	3.1	3.6	3.3	4.8	4.7	5.5	5.7	5.5	6.6	6.6	7.6	5.7	9.3	9.3	6.9
滇中城市群	1.8	1.4	1.1	1.6	1.6	2.0	2.5	2.4	2.8	3.3	4.1	4.2	4.4	4.1	6.3	6.6	9.0
兰西城市群	0.5	0.4	0.4	0.7	0.9	1.0	1.4	1.8	1.8	2.3	2.7	3.1	3.1	3.8	5.5	5.0	16.8
晋中城市群	0.3	1.0	0.6	1.1	1.3	1.0	1.2	1.3	1.7	1.9	2.1	2.1	2.4	2.4	3.9	4.1	19.7
北部湾城市群	0.1	0.2	0.7	0.4	0.8	1.0	1.4	2.2	2.2	2.5	2.6	2.5	2.2	2.1	3.7	4.0	25.3
黔中城市群	0.4	2.4	0.6	0.8	0.8	1.1	1.3	1.5	1.6	1.7	1.7	2.1	2.5	2.2	2.7	2.9	15.2
天山北坡城市群	0.1	0.1	0.2	0.5	0.7	0.8	0.9	0.9	1.2	1.2	1.6	1.4	1.6	1.7	2.5	2.3	23.5
宁夏沿黄城市群	0.1	0.4	0.5	0.3	0.4	0.4	0.7	0.6	0.8	0.9	1.0	1.2	1.3	1.2	2.2	2.0	22.8
呼包鄂榆城市群	0.1	0.1	0.2	0.2	0.3	0.2	0.3	0.4	0.5	0.5	0.6	1.0	1.1	1.1	1.7	1.8	26.3

12.3%、10.0%和16.7%；指数位于中间层级的城市群如长江中游城市群、山东半岛城市群、海峡西岸城市群平均增速为14.1%、15.8%和16.4%，相对较高；而绿色创新指数较低的城市群如黔中城市群、天山北坡城市群、宁夏沿黄城市群和呼包鄂榆城市群，平均增速分别为15.2%、23.5%、22.8%和26.3%，明显高于发达地区其他城市群。

四 中国绿色创新指数结构及分解特征

绿色创新指数可分解为绿色技术创新能力、绿色技术创新辐射力、绿色创新制度支撑力（以下简称"三力"）三部分。接下来，将对"三力"结构特征进行深入分析，并在此基础上，进一步探讨"三力"变动特征及各自构成指标的影响变动。

（一）总体结构特征

1."三力"同步增长，绿色技术创新能力与辐射力呈现"剪刀差"

图4-1和表4-1呈现了2006—2021年全国层面绿色创新指数及其分解特征。从中发现：一方面，"三力"同步增长。绿色创新指数总体水平不断提升，从2006年的100增至2021年的655.6，增幅接近6倍，平均增速为13.4%。"三力"也实现了同步增长，分别从2006年22.7、69.6和8.7分上升至2021年的426.5、168.5和60.6，增幅约为18倍、1.4倍和6倍，平均增速分别为21.6%、6.1%和13.8%。绿色技术创新能力增幅及平均增速最高，绿色技术创新辐射力增速最低。另一方面，"三力"增长结构呈现分化态势，绿色技术创新能力与辐射力变动呈"剪刀差"态势。总体上，2006—2021年"三力"占比存在"绿色技术创新辐射力＞绿色技术创新能力＞绿色创新制度支撑力"结构

特征。由于"三力"增速存在显著差异，2006—2021年，绿色技术创新能力占比不断提升，从22.5%增至65.1%，尤其是经历了2019年的短暂下降后，占比迅速反弹。相比而言，虽然绿色技术创新辐射力也在大幅提升，但增速相对缓慢，占比从2006年的68.9%降至2021年的25.7%，与绿色技术创新能力形成显著的"剪刀差"变动格局，说明中国城市绿色创新辐射力和溢出效应还不明显，绿色创新合作与交易网络可能还不成熟。绿色创新制度支撑力不断提升，且占比保持总体稳定，凸显了中国对于绿色创新的持续加力支持。

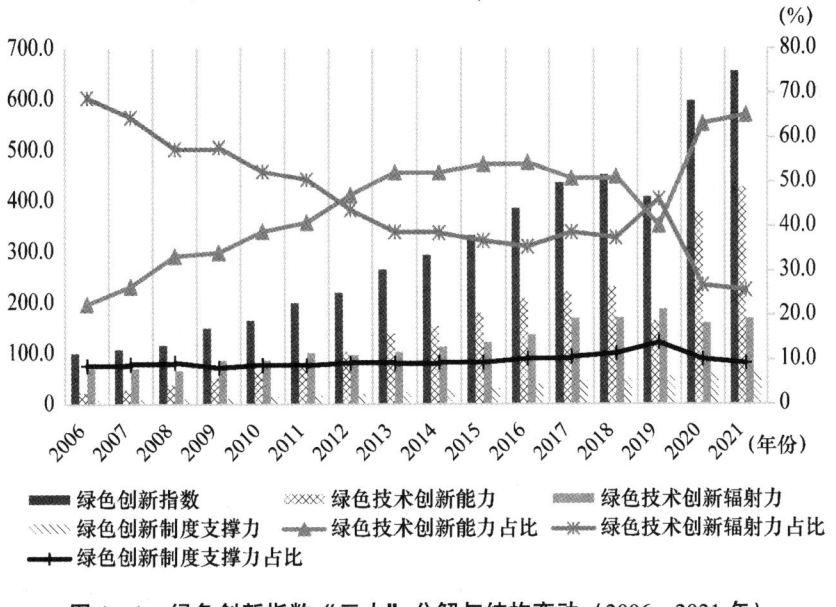

图4-1 绿色创新指数"三力"分解与结构变动（2006—2021年）

表4-1 绿色创新指数"三力"分解与结构变动（2006—2021年）

年份	绿色创新指数	绿色技术创新能力	占比（%）	绿色技术创新辐射力	占比（%）	绿色创新制度支撑力	占比（%）
2006	100.0（基准）	22.7	22.5	69.6	68.9	8.7	8.6
2007	107.7	28.5	26.5	69.5	64.5	9.7	9.0
2008	116.0	38.6	33.3	66.6	57.4	10.8	9.3

续表

年份	绿色创新指数	绿色技术创新能力	占比（%）	绿色技术创新辐射力	占比（%）	绿色创新制度支撑力	占比（%）
2009	149.5	50.9	34.0	86.4	57.8	12.2	8.2
2010	164.6	63.9	38.8	86.1	52.3	14.6	8.9
2011	199.9	81.5	40.8	100.9	50.5	17.4	8.7
2012	220.4	103.6	47.0	96.3	43.7	20.5	9.3
2013	265.4	138.4	52.1	102.7	38.7	24.3	9.2
2014	293.8	153.0	52.1	113.2	38.5	27.7	9.4
2015	332.7	179.5	54.0	122.1	36.7	31.0	9.3
2016	384.7	209.2	54.4	136.1	35.4	39.4	10.2
2017	435.5	221.2	50.8	168.2	38.6	46.1	10.6
2018	452.5	231.6	51.2	169.3	37.4	51.6	11.4
2019	407.4	163.3	40.1	187.8	46.1	56.3	13.8
2020	596.7	376.5	63.1	160.0	26.8	60.1	10.1
2021	655.6	426.5	65.1	168.5	25.7	60.6	9.2

2. 城市"三力"逐渐分化，多数城市绿色技术创新辐射力短板突出

图4-2呈现了2021年"绿创百城"绿色创新指数分解与结构特征。通过比较分析各城市"三力"的占比，可以得出以下结构特征分析结论。一是绿色技术创新能力方面，各城市中绿色技术创新能力占比普遍较高，有关城市在绿色技术开发和应用方面具有较强的实力。一线城市如北京、上海、深圳、广州在绿色技术创新能力方面位居前列，占比分别达59.2%、75.1%、84.7%和71.5%，显示了其较强的科技实力、资源集聚效应以及良好的研发环境。二是绿色技术创新辐射力方面，大部分城市绿色技术创新辐射力占比低于创新能力和制度支撑力，说明这些城市在将绿色技术推广至其他地区方面还有待加强。部分城市如惠州、乌鲁木齐等，绿色技术创新辐射力占比相

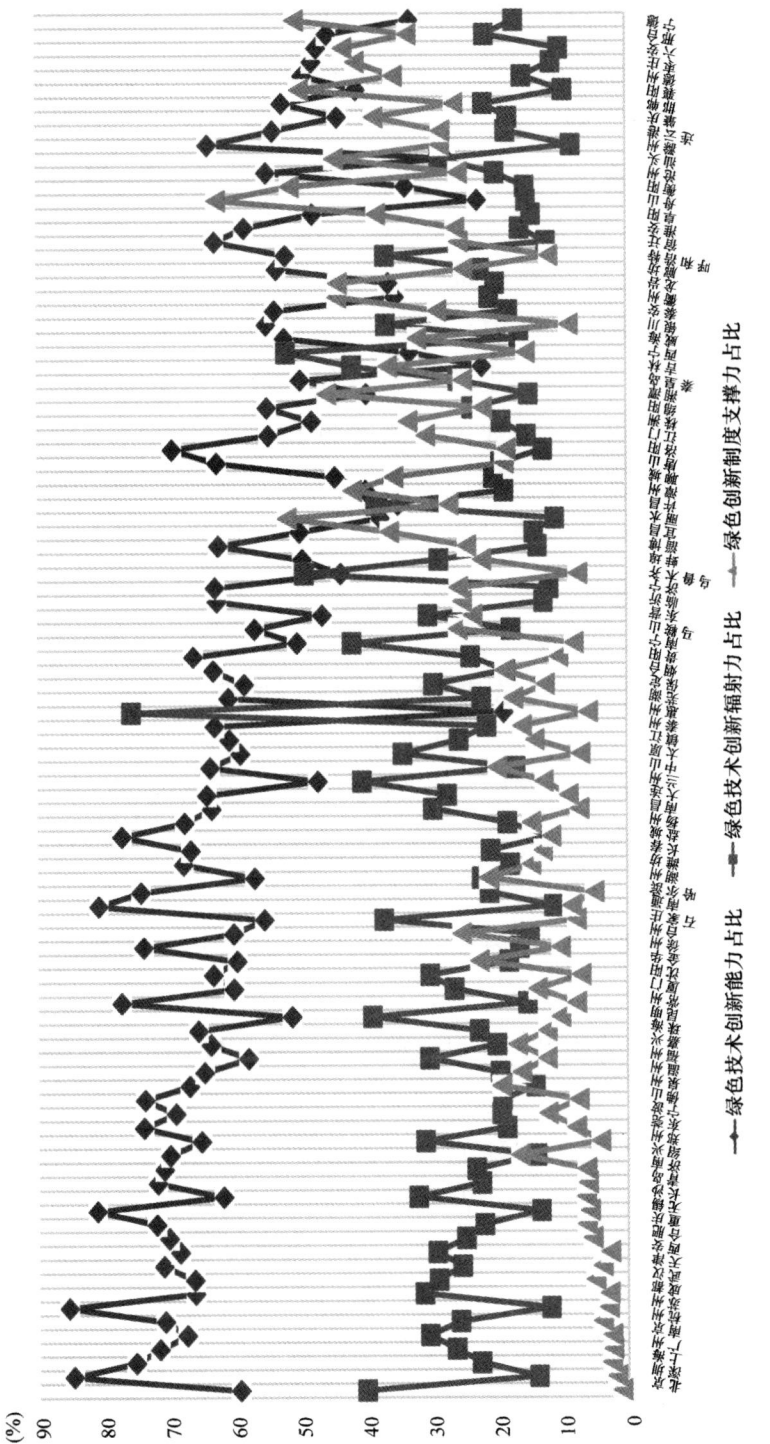

图 4-2 "绿创百城"绿色创新指数分解与结构特征（2021 年）

对较高，达75.5%和51.8%，可能与其地理位置、产业链等因素有关。三是绿色创新制度支撑力方面，各城市绿色创新制度支撑力普遍较低，说明在政策、法律和金融等制度方面对绿色创新的支持尚有提升空间。部分城市如舟山、丽水、襄阳等在绿色创新制度支撑力方面较高，分别为62.3%、51.7%和51.1%，可能与其地方政府推行的一系列绿色创新支持政策有关。综上，不同城市"三力"占比结构呈现一定的差异，辐射力水平有待提升，存在一定的失衡风险，未来各城市需要继续巩固自身在科技创新、产业链发展等方面优势，同时需积极扩大绿色技术创新辐射力及溢出效应。另外，政府需继续加大绿色创新制度支撑力度，通过制定相关政策、提供金融支持等手段推动绿色创新发展。

（二）绿色技术创新能力

在分析绿色技术创新能力指数变动特征的基础上，将对其指标构成因素及变动特征进行深入剖析，突出绿色创新质量、专利审查、创新结构转型、技术交易市场以及绿色发明专利结构特征，以更直观、立体地认识绿色技术创新基础能力的内涵和外延。

1. 创新能力普遍提升，凸显空间差异、均衡发展、规模和集聚效应

一是区域绿色技术创新能力普遍提升，中部、西部地区平均增速显著高于东部地区，表现出一定的绿色创新空间收敛特征。表4-2为2006—2021年主要年份"绿创百城"绿色技术创新能力基础数据，图4-3则呈现了2006—2021年区域绿色技术创新能力平均值与平均增速。分区域变动看，东部地区的绿色技术创新能力增长最为迅速，2006—2021年绿色技术创新能力指数从17.6增长至319.9，年平均值为116.5，增长幅度达到

17倍,遥遥领先于其他地区,并且呈现快速、稳定的增长态势,平均增速为21.3%。中部地区绿色技术创新能力增长速度相对缓慢,但整体呈持续上升的趋势,从2.1增加到了51.6,年平均值为18.4,平均增速为23.9%。西部地区的绿色技术创新能力增长趋势与中部地区类似,但增速略慢,平均增速为23.4%,并且从2010年呈现逐渐加速的趋势。东北地区绿色技术创新能力平均值最低为4.1,且增速相对较慢,表现出绿色技术创新能力与平均增速"双低"的特征。另外,城市维度的绿色技术创新能力也呈现典型的东—中—西—东北梯度递减格局,而且2006—2021年东部主要城市绿色技术创新能力明显高于中部、西部及东北地区,但类似于绿色创新指数变动情况,其增速低于中部、西部地区。

表4-2 "绿创百城"绿色技术创新能力基础数据(2006—2021年)

	2006年	2007年	2009年	2011年	2013年	2015年	2017年	2019年	2021年	平均值	平均增速(%)
北京	4.3	5.2	9.7	14.7	25.2	30.7	31.0	25.4	47.5	22.6	17.4
上海	2.5	3.0	4.8	6.6	9.6	10.2	11.4	8.9	24.3	9.4	16.3
深圳	2.7	3.3	4.5	5.9	7.4	9.1	12.4	10.1	30.6	9.7	17.6
广州	0.7	0.9	1.5	2.2	3.8	5.5	8.8	6.9	18.5	5.9	24.4
东莞	0.1	0.2	0.5	0.9	1.7	2.6	4.3	2.3	5.7	2.2	28.3
佛山	0.3	0.3	0.4	0.7	1.2	2.3	3.6	2.0	6.1	2.0	22.9
珠海	0.1	0.2	0.2	0.4	0.7	1.1	1.6	1.8	3.2	1.1	24.7
中山	0.1	0.1	0.2	0.3	0.5	0.8	1.4	0.8	1.9	0.7	27.0
惠州	0.0	0.0	0.1	0.3	0.5	1.0	1.3	0.6	1.9	0.8	32.2
江门	0.1	0.1	0.1	0.2	0.3	0.4	0.7	0.3	1.1	0.4	20.8
汕头	0.0	0.0	0.1	0.1	0.1	0.2	0.5	0.2	0.4	0.2	16.9
肇庆	0.0	0.0	0.0	0.1	0.1	0.1	0.3	0.2	0.7	0.2	33.0
南京	0.7	0.9	1.8	2.8	4.9	6.4	7.9	6.3	15.7	5.7	23.1
苏州	0.3	0.6	1.3	3.3	6.2	6.9	7.2	5.2	16.4	5.7	29.2
无锡	0.3	0.4	1.1	2.1	3.2	3.7	3.7	2.7	7.9	3.1	25.4
常州	0.1	0.2	0.5	1.2	1.9	2.2	2.1	1.7	5.7	1.9	28.1
徐州	0.1	0.1	0.3	0.5	0.8	0.9	1.4	1.6	4.2	1.1	30.9

续表

	2006年	2007年	2009年	2011年	2013年	2015年	2017年	2019年	2021年	平均值	平均增速（%）
南通	0.1	0.2	0.4	0.9	1.2	1.3	1.8	1.2	5.4	1.4	29.2
盐城	0.0	0.1	0.1	0.2	0.4	0.8	1.6	1.1	3.8	1.0	35.8
扬州	0.1	0.1	0.3	0.4	0.6	0.9	1.5	1.1	2.6	1.0	26.6
镇江	0.1	0.1	0.3	0.5	1.5	1.5	1.9	0.8	2.5	1.1	24.1
泰州	0.1	0.1	0.1	0.3	0.4	0.6	1.3	0.8	2.2	0.7	27.6
宿迁	0.0	0.0	0.0	0.1	0.1	0.2	0.4	0.3	1.4	0.3	42.9
淮安	0.0	0.1	0.1	0.1	0.2	0.4	0.6	0.4	1.3	0.4	24.4
连云港	0.0	0.0	0.1	0.2	0.2	0.3	0.4	0.3	1.1	0.3	26.7
杭州	0.9	1.2	1.9	2.9	4.4	5.6	6.7	6.0	17.2	5.5	21.4
绍兴	0.1	0.1	0.3	0.4	0.8	1.7	2.7	1.7	4.0	1.4	28.7
宁波	0.3	0.5	0.9	1.4	2.8	3.2	3.2	2.0	5.4	2.3	21.1
温州	0.2	0.2	0.3	0.5	1.0	1.5	2.4	1.5	3.8	1.4	23.1
嘉兴	0.1	0.1	0.2	0.4	0.7	1.2	1.9	1.6	3.6	1.2	28.8
金华	0.1	0.1	0.2	0.4	0.6	0.8	1.3	1.2	2.5	0.9	24.4
台州	0.1	0.1	0.3	0.4	0.6	1.0	1.4	1.0	2.2	0.9	21.4
湖州	0.1	0.1	0.2	0.4	0.8	1.1	1.4	0.9	2.5	0.9	28.6
丽水	0.0	0.0	0.0	0.1	0.1	0.2	0.4	0.3	0.7	0.2	32.9
衢州	0.0	0.0	0.1	0.1	0.2	0.3	0.5	0.3	0.8	0.3	22.2
舟山	0.0	0.0	0.0	0.1	0.2	0.3	0.4	0.2	0.3	0.2	28.1
青岛	0.3	0.4	0.6	1.2	3.6	4.4	4.4	2.8	8.4	3.1	25.2
济南	0.4	0.5	0.9	1.4	2.4	3.2	3.1	2.6	8.2	2.7	23.4
潍坊	0.1	0.1	0.2	0.4	0.7	1.0	1.3	1.1	3.3	1.0	25.8
烟台	0.1	0.1	0.2	0.4	0.6	0.7	1.0	0.7	2.4	0.7	22.9
东营	0.1	0.1	0.1	0.1	0.2	0.6	0.4	0.3	1.4	0.4	21.9
临沂	0.0	0.1	0.1	0.2	0.3	0.4	0.5	0.3	1.8	0.4	29.1
济宁	0.0	0.1	0.1	0.2	0.4	0.5	0.6	0.4	1.7	0.5	28.0
淄博	0.1	0.2	0.3	0.4	0.6	0.8	0.8	0.5	1.8	0.6	18.5
聊城	0.0	0.1	0.1	0.1	0.2	0.3	0.3	0.2	0.9	0.3	23.7
威海	0.0	0.0	0.1	0.2	0.3	0.5	0.4	0.3	1.2	0.3	24.0
泰安	0.1	0.1	0.2	0.2	0.3	0.4	0.4	0.3	1.3	0.4	23.6
德州	0.0	0.0	0.1	0.1	0.2	0.2	0.3	0.3	1.0	0.3	28.4
枣庄	0.0	0.0	0.1	0.1	0.2	0.3	0.3	0.2	0.8	0.2	25.7

续表

	2006年	2007年	2009年	2011年	2013年	2015年	2017年	2019年	2021年	平均值	平均增速（%）
泉州	0.0	0.1	0.2	0.3	0.7	1.6	2.0	1.4	2.6	1.1	33.9
福州	0.1	0.2	0.4	0.7	1.1	1.5	2.1	1.3	3.6	1.4	24.5
厦门	0.1	0.2	0.4	0.6	0.9	1.4	1.7	1.3	3.3	1.2	23.2
漳州	0.0	0.0	0.0	0.1	0.2	0.2	0.4	0.3	0.7	0.3	32.1
龙岩	0.0	0.0	0.0	0.1	0.1	0.2	0.3	0.3	0.6	0.2	28.1
宁德	0.0	0.0	0.0	0.0	0.1	0.1	0.3	0.2	0.5	0.1	34.2
石家庄	0.1	0.1	0.2	0.4	0.8	0.9	1.1	1.1	3.0	0.9	25.6
保定	0.1	0.1	0.2	0.4	0.8	0.6	0.8	0.6	2.0	0.6	24.9
唐山	0.1	0.1	0.1	0.2	0.4	0.4	0.6	0.5	1.4	0.4	24.6
秦皇岛	0.0	0.0	0.1	0.1	0.2	0.2	0.4	0.5	0.8	0.3	21.0
廊坊	0.0	0.0	0.1	0.2	0.2	0.3	0.4	0.4	0.9	0.3	25.9
沧州	0.0	0.0	0.1	0.1	0.1	0.2	0.3	0.2	0.9	0.2	24.3
邯郸	0.0	0.0	0.1	0.1	0.2	0.3	0.3	0.2	0.8	0.3	22.3
邢台	0.0	0.0	0.0	0.0	0.1	0.1	0.2	0.2	0.6	0.2	28.7
天津	0.8	0.9	1.3	2.1	3.9	5.3	5.9	3.9	9.0	4.0	17.9
合肥	0.2	0.2	0.4	1.0	1.7	2.9	5.1	3.2	7.4	2.7	28.4
芜湖	0.0	0.1	0.2	0.4	0.9	1.4	1.8	0.7	2.0	1.0	29.9
马鞍山	0.0	0.0	0.1	0.2	0.5	0.7	0.9	0.6	1.2	0.5	31.3
蚌埠	0.0	0.0	0.1	0.2	0.4	0.5	0.4	0.4	1.3	0.4	33.8
阜阳	0.0	0.0	0.0	0.1	0.2	0.3	0.7	0.4	0.7	0.3	33.1
滁州	0.0	0.0	0.0	0.1	0.4	0.5	0.7	0.4	1.3	0.4	42.1
六安	0.0	0.0	0.0	0.1	0.1	0.3	0.4	0.3	0.6	0.2	34.0
武汉	0.6	0.7	1.2	1.9	2.9	4.1	5.8	4.6	12.6	4.0	23.1
宜昌	0.0	0.0	0.1	0.1	0.3	0.5	0.7	0.4	1.3	0.4	26.0
襄阳	0.1	0.1	0.1	0.1	0.2	0.4	0.4	0.3	0.8	0.3	13.3
郑州	0.3	0.2	0.5	0.8	1.4	1.8	3.2	2.4	5.7	2.0	23.1
许昌	0.0	0.0	0.1	0.2	0.3	0.4	0.7	0.3	0.5	0.3	26.1
洛阳	0.1	0.1	0.2	0.5	0.8	0.7	0.7	0.5	1.4	0.6	21.8
长沙	0.3	0.4	0.7	1.2	1.9	2.7	3.7	2.6	6.9	2.4	22.9
株洲	0.1	0.1	0.1	0.3	0.5	0.7	0.8	0.4	1.0	0.5	20.1
湘潭	0.0	0.0	0.1	0.2	0.2	0.3	0.4	0.3	0.6	0.3	19.5
衡阳	0.0	0.0	0.0	0.1	0.1	0.2	0.2	0.3	0.5	0.2	28.2

续表

	2006年	2007年	2009年	2011年	2013年	2015年	2017年	2019年	2021年	平均值	平均增速（%）
南昌	0.1	0.1	0.2	0.3	0.5	0.7	1.2	0.9	2.7	0.8	26.1
太原	0.2	0.2	0.3	0.4	0.7	0.9	1.1	0.8	2.4	0.8	18.3
呼和浩特	0.0	0.0	0.1	0.1	0.2	0.2	0.3	0.3	0.9	0.3	25.5
成都	0.5	0.6	1.2	1.9	3.6	5.4	7.5	4.3	10.4	4.2	22.3
绵阳	0.0	0.0	0.1	0.2	0.3	0.6	0.8	0.5	1.1	0.4	23.8
西安	0.3	0.4	1.2	2.0	3.5	3.5	5.2	3.7	10.1	3.5	25.9
重庆	0.3	0.5	1.0	1.6	2.3	4.7	4.1	3.0	8.4	3.0	23.9
昆明	0.2	0.2	0.4	0.6	0.9	1.3	1.6	1.2	3.4	1.2	20.7
南宁	0.1	0.1	0.1	0.3	0.8	1.3	1.4	0.7	2.0	0.8	27.3
兰州	0.1	0.1	0.2	0.3	0.5	0.6	0.7	0.6	1.6	0.5	21.1
贵阳	0.1	0.2	0.2	0.3	0.5	0.7	0.9	0.8	1.9	0.7	19.0
乌鲁木齐	0.1	0.1	0.1	0.2	0.3	0.4	0.6	0.4	1.0	0.4	21.8
银川	0.0	0.0	0.0	0.1	0.2	0.3	0.4	0.3	1.1	0.3	27.8
西宁	0.0	0.0	0.0	0.0	0.1	0.2	0.2	0.2	0.6	0.2	29.5
沈阳	0.4	0.5	0.7	0.9	1.4	1.7	1.8	1.2	3.3	1.4	15.0
大连	0.3	0.4	0.7	1.1	1.8	1.5	1.5	1.0	2.6	1.3	15.3
长春	0.2	0.3	0.4	0.5	0.8	1.1	1.5	1.3	3.1	1.1	21.2
吉林	0.0	0.0	0.1	0.1	0.1	0.2	0.2	0.1	0.4	0.2	14.8
哈尔滨	0.4	0.5	0.7	0.9	1.7	2.2	1.8	1.4	4.0	1.5	17.0

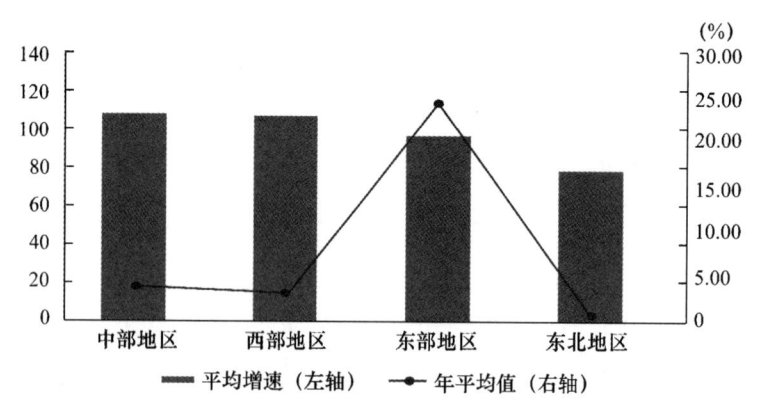

图 4-3 区域绿色技术创新能力平均值与平均增速（2006—2021年）

规模效应或集聚效应是绿色技术创新能力提升的重要动力源泉。图4-4呈现了2006—2021年城市规模与绿色技术创新能力变动情况，凸显了城市规模效应与城市群集聚效应的重要作用。一是城市规模效应。总体来看，不同规模城市绿色技术创新能力都呈现逐年上升的趋势，尤其是在近些年，增长速度明显加快。超大城市绿色技术创新能力一直比其他规模的城市更强，平均增速为18.4%，尤其是在2013年之后，增速明显加快。特大城市的绿色技术创新能力也一直在提升，平均增速为22.2%，增速略高于超大城市。I型大城市和II型大城市的绿色技术创新能力相对较弱，但由于"低基数效应"的存在，其平均增速更快，分别为23.8%和23.4%。总体上，城市规模对于绿色技术创新能力有着重要的影响。大城市的绿色技术创新能力更强，增速略慢，而小城市的绿色技术创新能力相对较弱，增速相对较快，不同规模城市绿色技术创新能力存在均衡发展趋势。但同时也需要注意，城市规模并不是唯一的因素，其他因素如产业结构、政策支持等也会对绿色技术创新能力产生影响。二是城市群集聚效应。图4-5呈现了2006—2021年不同城市群绿色技术创新能力平均值和平均增速。2006—2021年中国各个城市群的绿色技术创新能力不断提高，其中，长三角城市群、粤港澳大湾区和京津冀城市群平均值位居前列，平均增速分别达到14.7%、12.3%和12.0%。这三大国家级城市群是中国经济发展最快的地区，具有较强的产业基础和科技创新能力，绿色技术创新能力也较强。另外，山东半岛城市群、长江中游城市群和成渝地区双城经济圈绿色技术创新能力平均值也较高，仅次于三大国家级城市群，平均增速分别为14.8%、14.1%和15.4%，这些城市群在各自的领域也具有一定的优势和特色，为绿色技术创新提供了较好的条件。然而，一些城市群的绿色技术创新能力增速较慢，如哈长城市群、辽中南城市群和晋中城市群等，其平均增速都不到11%，这与城市群经济发展相对滞后、产业结构比较单一、科技创新能力相对薄弱等因素不无关系。此外，一些城市群的绿色技术创新能力在整个国家中所占比例较小，如滇中城市群、黔中城市群和宁夏沿黄城市群等，需要加强对绿色技术创新的投入和培育。总体来说，中国各个城市群的绿色技术创新能力不断提高，但受限于不同地区经济发展水平、科技创新能力、产业结构等因素，区域增速存在显著差异。

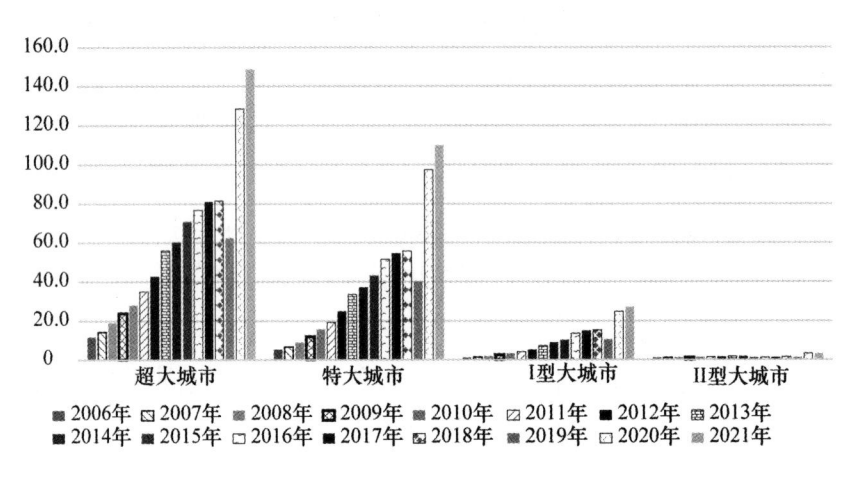

图 4-4　不同城市规模与绿色技术创新能力变动（2006—2021 年）

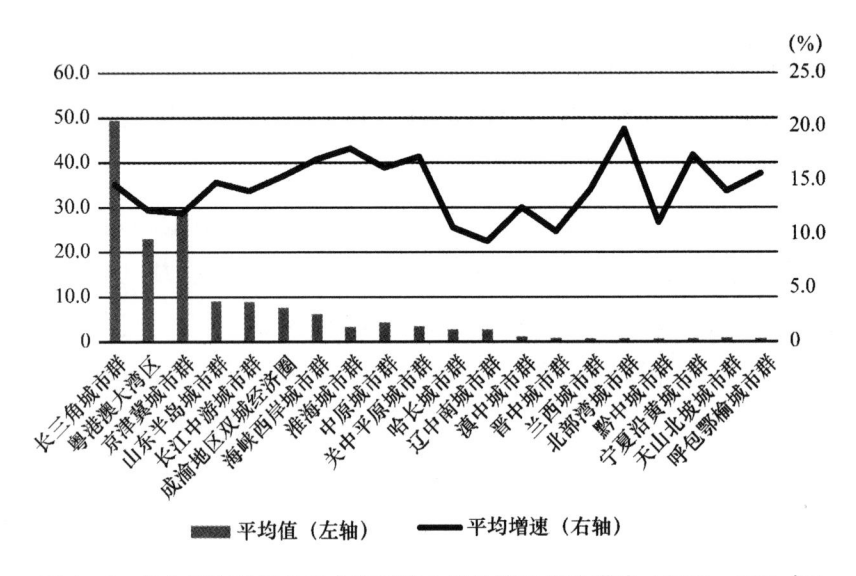

图 4-5　各个城市群绿色技术创新能力平均值和平均增速（2006—2021 年）

2. 绿色发明专利申请数与授权数快速增加，但两者增速存在显著差异

一方面，不同城市绿色发明专利申请数与授权数均不断提升，但增速存在显著差异，申请数与授权数较高的城市普遍对应着更低的增速，表现出一定的空间收敛特征。附表1呈现了绿色发明专利申请数与授权数及平均增速水平，图4-6呈现了2021年"绿创百城"绿色发明专利申请数、授权数及2006—2021年两者平均增速。2021年北京、上海、深圳、广州等城市绿色发明专利申请数均超过1万件，处于绿色发明专利申请数量第一梯队，但其平均增速分别为22.1%、18.9%、22.6%和28.4%，明显低于六安、宁德、丽水、肇庆和滁州等地（超过40%）。另外，绿色发明专利授权数和平均增速也表现出类似的特征。2021年北京、上海、广州、佛山和深圳绿色发明专利授权数均在2500件以上，但2006—2021年平均增速分别为12.7%、14.6%、19.7%、17.6%和10.0%，与授权数量较低的城市如呼和浩特、兰州、唐山、西安超过30%的平均增速相比，增速明显偏低。

另一方面，绿色发明专利申请数平均增速明显高于授权数平均增速，而且2014年以来，不同城市出现了普遍的授权数量下降情况。无论是申请数量较多的北京、上海、深圳、广州、杭州、南京、武汉和苏州，还是申请数量较少的洛阳、泰安、济宁、绵阳、连云港、阜阳以及许昌等城市，申请平均增速都明显高于授权平均增速。而且需要指出的是，2014年以来，不同城市绿色发明专利授权数都经历了一次显著下降的过程（如图4-7所示）。以北京为代表，绿色发明专利授权数从2014年的7314件降至2019年的2055件，后又反弹上升，虽然"拐点"有所不同，但深圳、上海、广州及其他中小城市总体上也表现出类似的变动特征。这可能与专利政策变更有关，为了鼓励更高质量的创新，国家知识产权局更加重视那些具有实际应用潜力和

76　国家智库报告

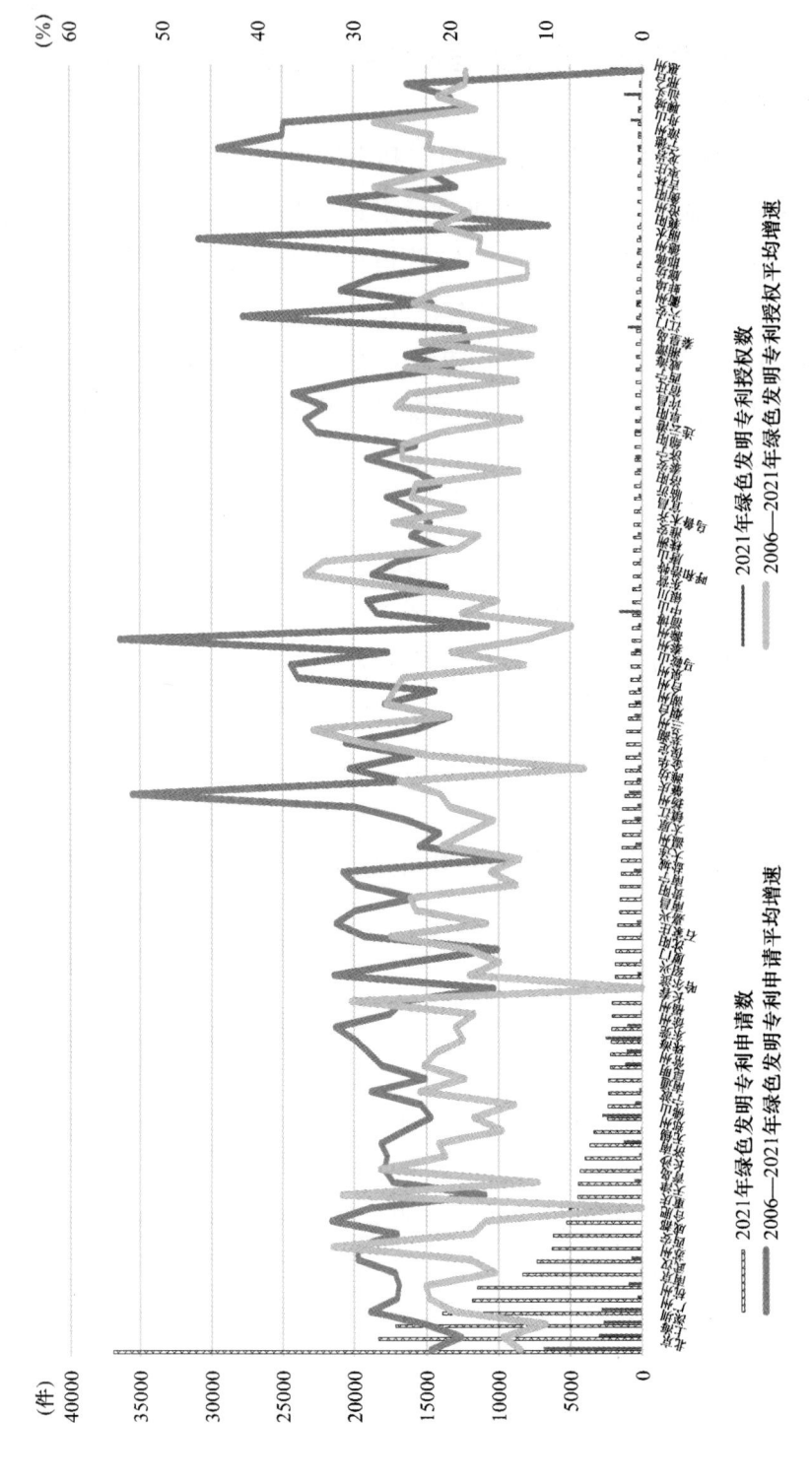

图4-6 "绿创百城"绿色发明专利申请数、授权数及平均增速变动

长期价值的高质量发明专利，而强化了对低质量的、重复性的专利的审查力度。

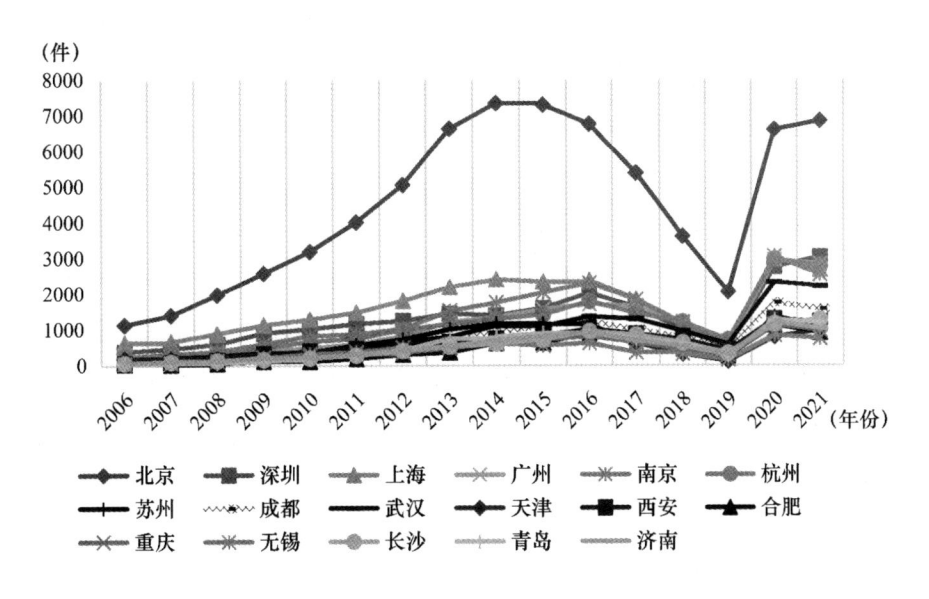

图 4-7 主要城市绿色发明专利授权数量变动（2006—2021 年）

3. 绿色发明专利占比不断提升，创新结构的绿色化转型深入推进

不同城市绿色发明专利占比都在波动中上升，创新结构呈明显的绿色化转型态势。党的二十大报告指出，推动发展方式绿色转型。创新驱动发展，发展方式的绿色转型也对创新结构的绿色化转型提出了新的要求。创新结构的绿色化转型可以定义为发明专利授权数占全部专利授权数的比重。附表2呈现了2006—2021年不同城市绿色发明专利授权数占全部专利授权数比重，图4-8呈现了主要城市的创新结构绿色化转型变动趋势。一方面，中国创新结构正在进入绿色化转型的新时代，在全部发明专利中，绿色发明专利占比不断提升。经济发达的城市如北京、上海、深圳和广州，绿色发明专利占比分别从2006年的13.8%、5.6%、11.9%和13.1%提升至2021年的22.8%、16.8%、20.5%和22.4%，尤其是2017年之后，绿色

发明专利占比提升速度有所增加，2020年达到高峰后开始有所下降。其他绿色创新能力相对偏弱的城市，如枣庄、六安、邢台和宁德等，也表现出类似的变动规律，绿色发明专利比例经历了先增、后降的倒"U"形趋势变动特征。另一方面，不同城市绿色发明专利占比并未表现出显著的系统性差异，比如2021年宁德、邢台、德州等创新能力较弱，城市的绿色发明专利占比明显高于深圳。这是因为，随着生态文明建设的深入推进，政府推出了一系列的环保产业鼓励政策，可持续发展和绿色技术创新政策体系不断完善，并大力扶持绿色创新领域的企业，鼓励其开展绿色发明专利的申请与使用，绿色发明专利在全部发明专利中所占比重得到了不断提高。此外，很多新兴领域技术开始呈现强烈的绿色倾向，如数字基础设施建设、可再生能源、绿色建筑、绿色交通、节能环保材料、清洁生产以及绿色农业发展等领域。

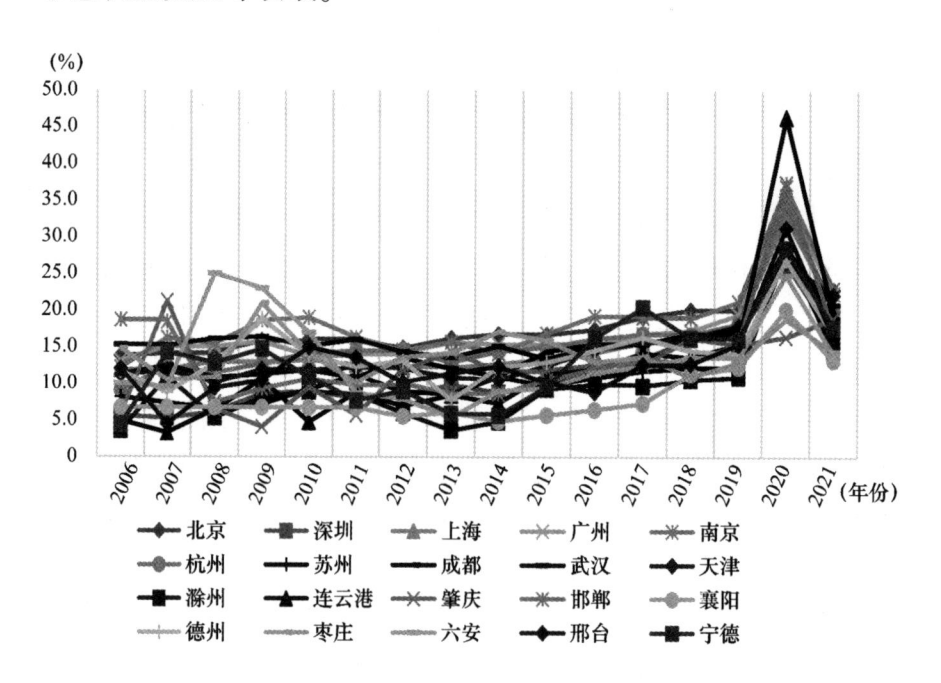

图4-8 主要城市创新结构的绿色化转型变动趋势（2006—2021年）

4. 绿色发明专利授权率波动下降，专利审查监督趋严

一是全部发明专利授权率与绿色发明专利授权率都在波动中下降，专利审查更加严格，更加注重提升创新质量。附表3呈现了"绿创百城"主要年份全部发明专利授权率及绿色发明专利授权率，图4-9和图4-10分别呈现了2006—2021年主要城市的全部发明专利授权率和绿色发明专利授权率变动情况。一个突出的特征是，无论是全部发明专利授权率还是绿色发明专利授权率，都经历了波动中下降的特征，但2019年之后有所提升。代表性城市如北京、深圳、上海、广州全部发明专利授权率在2014年达到高峰之后开始逐步下降，2019年除北京外，深圳、上海和广州更是降至个位数水平。除一线城市外，其他中西部及东北地区的相关代表性城市如宁波、丽水、重庆、成都以及沈阳等，全部发明专利授权率也在波动中下降。绿色发明专利授权率也表现出类似的变动特征。这一变动趋势与国家对专利质量的重视以及专利审查程序的严格化息息相关。党的十八大以来，专利审查监管不断强化，倒逼绿色专利结构优化转型、促进质量不断提升。2013年，为贯彻落实党的十八大精神，国家知识产权局出台《关于进一步提升专利申请质量的若干意见》，要求不断提升发明专利占比，促进高质量申请、高标准审查、高规格授予，不断提高专利质量。

二是绿色发明专利授权率总体低于全部发明专利授权率，说明与其他类型专利相比，绿色发明专利的审查可能更加严格。绿色创新水平较高的城市中，如北京、深圳、上海等，绿色发明专利授权率与全部发明专利授权率之差分别为-2.6%、-6.0%和-4.1%，明显更低，其他创新能力较强的城市如温州、东莞、西安等也存在这一特征，这可能是因为绿色发明专利的审查过程比较严格，需要满足更高的环保标准和要求，因此申请难度较大。此外，绿色发明专利的商业价值和市场需求也可能相对较低，影响了授权率，使得两者存在一定的系统性差异。相较而言，创新能力较弱的城市未发现两者存在系统性差异，如西宁、沧州、银川等城市，这是因为创新能力较弱的城市可能在技术研发、人才引进等方面存在滞后，导致其无法有效地开展绿色技术创新，使得其在各类专利授权中都表现不佳，因此未发现两者存在系统性差异。

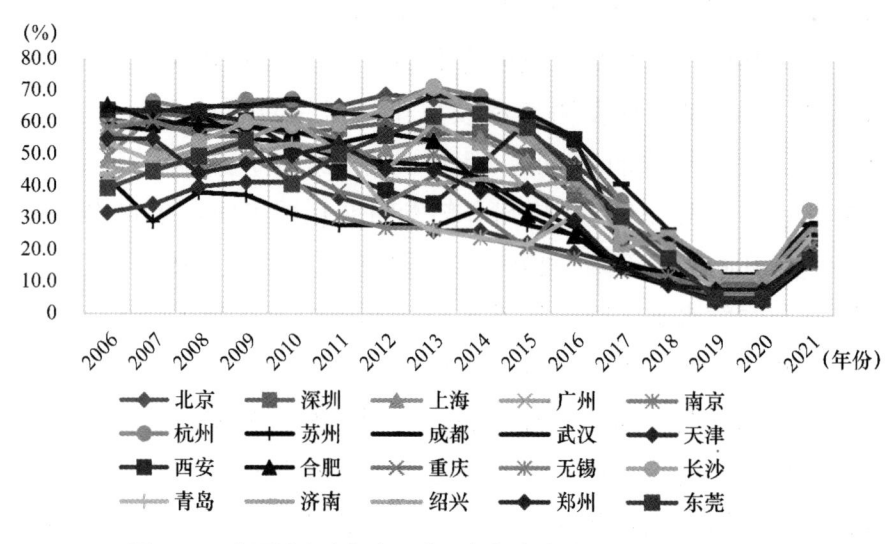

图4-9　主要城市全部发明专利授权率变动（2006—2021年）

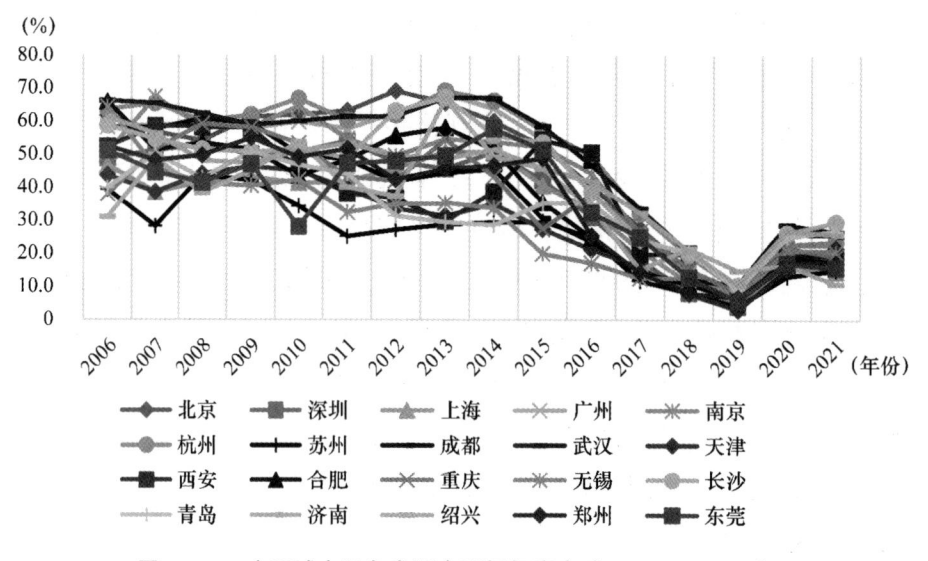

图4-10　主要城市绿色发明专利授权率变动（2006—2021年）

5. 实用新型专利占比不断下降，创新逐步从"数量型"向"质量型"转变

一是绿色实用新型专利申请数量处于快速增长阶段，且占比总体依然较为稳定，但诸多城市实用新型专利增速开始有放缓迹象。附表4呈现了"绿创百城"绿色实用新型专利申请数与占比情况。中国专利申请存在"重数量、轻质量"的特征，突出表现在实用新型专利申请的快速增加上。一线城市如北京、上海、深圳和广州绿色实用新型专利申请数呈快速增加趋势，分别从2006年的810件、690件、517件和275件迅速增至2021年的14154件、14750件、16628件和9434件。由于实用新型专利质量低于发明专利，这一特征也体现出绿色创新领域专利"重数量、轻质量"的现象。创新能力偏弱的城市也表现出这一特征，比如，2006—2021年枣庄、六安、邢台和宁德等城市绿色实用新型专利申请数也在快速增加。这是因为，创新驱动发展战略下，中国政府一直将知识产权作为经济发展的重要支撑，对专利申请给予了较多的政策支持和鼓励，特别是对实用新型专利的支持较为明显。在一些领域，为了在竞争中取得优势，企业可能更倾向于快速申请大量专利，而不是追求高质量的专利。这种"重数量、轻质量"的现象也引起了一些问题，如专利申请的重复性、制假售假等问题。为提高专利质量和保护知识产权，中国也在不断加强对专利审查和保护的力度，加强对专利代理和评估机构的监管，促进知识产权保护体系的建设。近几年，各城市绿色实用新型专利申请数增速存在放缓迹象，以北京为例，2013年之前绿色实用新型专利平均增速约为30%，但2013年之后仅为12%左右。另外，部分城市绿色实用新型专利占比也呈现一定的下降趋势，与2017年相比，2021年北京、广州、珠海、杭州等城市绿色实用新型专利申请数占比有所下降，然而，这并不具有普遍意义，更多的城市如深圳、佛山、南京和苏州等城市占比反而不断提升。

二是对比不同地区发现，不同城市绿色实用新型专利申请数及占比存在较大差异，虽然创新引领城市绿色实用新型申请数快速增加，且领先于其他城市，但占比明显低于绿色创新水平较低的城市。图4-11呈现了不同城市绿色实用新型专利申请数与占比变动。不难发现，2021年，北京（27.7%）、上海（44.6%）、广州（40.4%）、深圳（49.2%）等城市绿色实用新型专利申请占比明显低于枣庄（74.3%）、六安（53.2%）、邢台（79.9%）、宁德（62.1%）等城市。这意味着创新领先城市正在寻求创新质量转型，表现出专利的"质量增长型"特征，而创新落后地区依然追求专利的数量增长，实用新型专利占比依然较高，体现出显著的"数量增长型"特征。

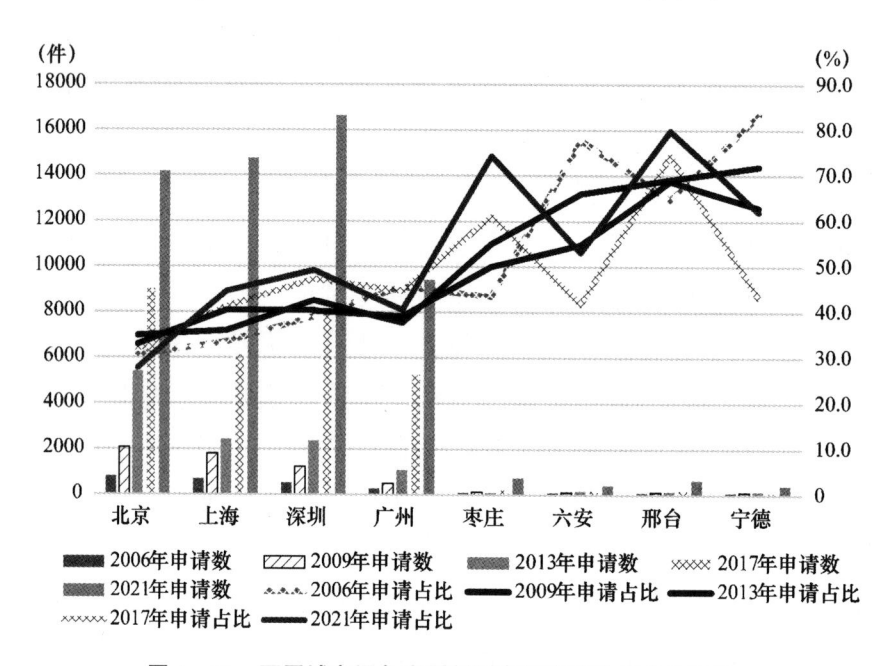

图4-11 不同城市绿色实用新型专利申请数与占比变动

6. 城市内部专利权转让数量快速增加，技术交易市场不断发育成熟

一是城市内部专利权转让数量快速增加，技术交易市场发育不断成熟。附表5为城市内专利权转让数及变动情况，

基于此，图4-12呈现了主要城市内部专利权转让数量变动趋势。北京一直是城市内部专利权转让数量方面的"领头羊"，从2006年的603件增至2021年的11275件，增幅接近18倍，知识产权交易市场不断成熟。虽然其他城市技术交易数量不断提升，但与北京相比还存在较大差距，但在2019年之后快速增长，如深圳、上海、苏州，2018年前城市内专利权转让数不足200件，2020年则分别达到了940件、1189件和430件。

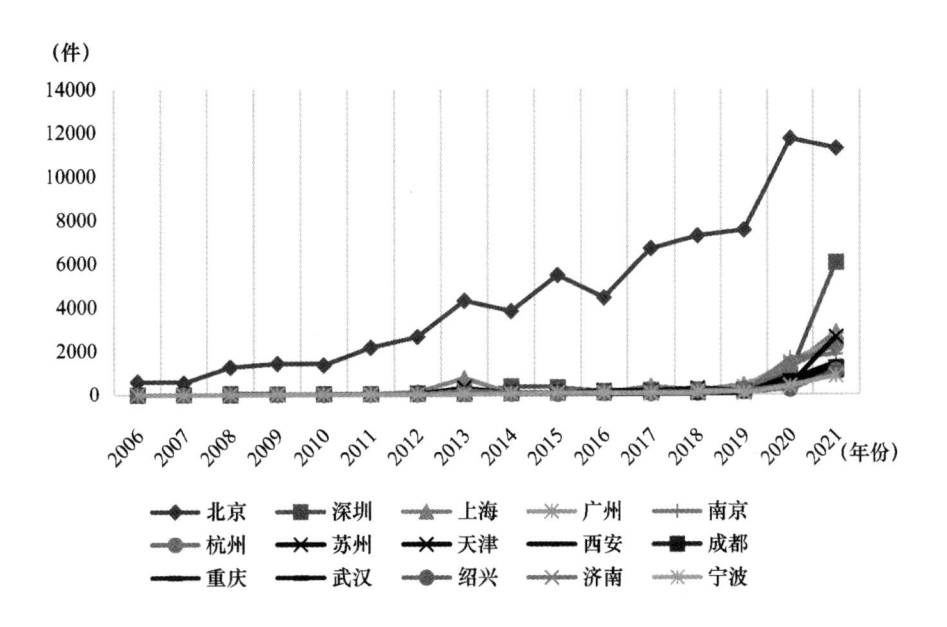

图4-12 主要城市内部专利权转让数量变动（2006—2021年）

二是不同城市内部专利权转让数量存在显著差异，与地区和城市行政级别密切相关。除北京外，图4-13呈现了2006—2021年不同城市内部专利权转让数量平均值。不难发现，东部沿海城市专利权转让数量明显更高，中西部城市专利权转让市场发展相对滞后，但也存在一些快速增长的城市，例如成都、武汉和西安等，与2006年几乎不存在专利权转让相比，2021年城市内部专利权转让数量均达到1000件左右，位居全国前列。

此外，城市内部技术市场发育还与城市行政级别有关，与其他城市相比，直辖市、副省级城市及省会城市技术市场发育更为成熟。这主要得益于政策环境、资源集聚效应和市场需求等因素：直辖市、副省级城市及省会城市往往可以获得更多的创新政策和扶持，如知识产权保护、税收减免等，这也为当地技术市场的发展提供了有利的政策环境。高行政级别的城市通常拥有更丰富的人才、高等教育机构以及技术研发中心等资源，以及拥有更广泛的市场需求，这种资源集聚效应和市场需求效应会加速当地技术市场的发展。

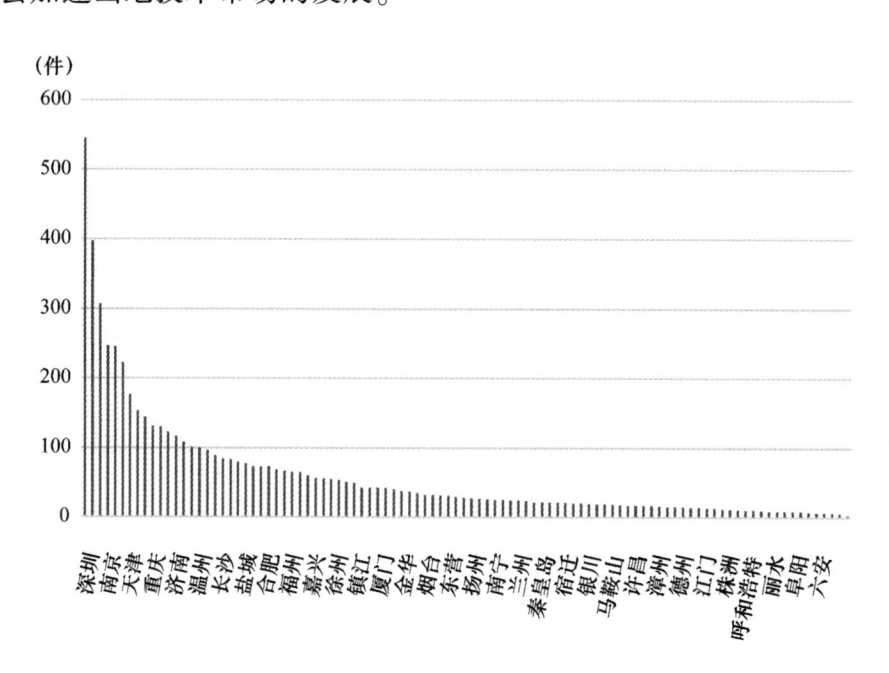

图4-13 不同城市内部专利权转让数平均值（2006—2021年）

7. 七大类专利申请结构分化明显，能源类居于主导地位、废弃物管理类稳占三成

世界知识产权组织（WIPO）依据《联合国气候变化框架公约》将绿色专利分为能源类（能源节约类、替代能源类、核电类）和非能源类（交通运输类、废弃物管理类、行政监管与设

计类、农林类)。绿色专利包括绿色发明专利、绿色实用新型专利和绿色外观设计专利三类,相比后两者,绿色发明专利审查标准最为严格,质量最高,故选择七大类绿色发明专利数据开展进一步结构分析。表4-3呈现了全国及各地区绿色发明专利申请结构特征。

一方面,2006—2021年全国层面,绿色发明专利申请数占比排在前三位的是废弃物管理类、替代能源类和能源节约类。能源节约类稳居第三位,而替代能源类占比有所下降,在2012年被废弃物管理类反超,居于第二位。农林类和行政监管设计类排在第四位和第五位,农林类占比呈现不断下降趋势,而行政监管设计类增加趋势显著,并在2018年超过农林类。排在末尾的是核电类,核电类在历年中占比均未突破1%。能源类和非能源类来看,2006—2021年能源类绿色专利占比均在40%以上,最高时达到2011年的50%,而且主要来自能源节约类和替代能源类。这表明中国绿色创新集中在能源领域,能源替代、能源节约方面的绿色技术创新发展是重中之重,核电相关的清洁能源技术则发展相对缓慢。

另一方面,区域层面,东中西地区废弃物管理类、替代能源类、能源节约类绿色发明专利占比总体位居前三位,但也有例外,2021年西部地区农林类(10.8%)超过能源节约类(10.3%)位居第三位。2006年以来,随着替代能源类占比逐步降低,东部、中部地区废弃物管理类逐渐超过替代能源类位居首位。2012年以来,西部地区废弃物管理类稳居榜首。各地区行政监管设计类提升明显,2021年东部、中部、西部地区占比分别为9.3%、8.0%和7.8%,分别较2006年增加了4.5个、3.5个和3.2个百分点,并且都从早期的低于交通运输类实现不断赶超。各地区农林类波动较大,总体上呈下降趋势。核电类占比最低,均位于末尾。

表 4-3　　全国及各地区绿色发明专利申请结构特征　　单位：%

地区	年份	替代能源类	交通运输类	能源节约类	废弃物管理类	农林类	行政监管设计类	核电类
全国	2006	34.3	6.4	9.2	30.7	14.2	4.7	0.4
	2007	31.0	8.9	11.9	30.0	13.2	4.6	0.3
	2008	32.7	7.3	12.0	31.0	12.4	4.3	0.3
	2009	33.2	6.9	13.7	29.1	13.1	3.7	0.4
	2010	31.6	7.9	16.6	28.6	10.8	4.2	0.3
	2011	31.9	7.6	17.6	28.5	10.0	3.9	0.5
	2012	29.5	7.3	17.8	30.6	10.3	4.1	0.3
	2013	29.6	7.0	14.9	31.6	10.9	5.8	0.2
	2014	26.4	6.0	15.3	34.4	10.9	6.5	0.5
	2015	25.1	6.0	16.4	32.7	11.9	7.5	0.4
	2016	23.9	5.3	15.5	32.1	12.6	10.3	0.4
	2017	23.9	4.8	14.5	33.1	11.8	11.7	0.3
	2018	23.6	4.7	15.5	34.0	9.5	12.3	0.5
	2019	22.6	6.0	16.8	33.2	7.1	13.8	0.6
	2020	24.5	7.3	15.9	32.7	7.5	11.8	0.4
	2021	27.5	7.2	15.0	32.8	8.6	8.5	0.6
东部	2006	30.8	4.7	11.1	31.2	16.8	4.8	0.6
	2007	29.7	6.9	15.7	30.9	11.5	4.8	0.5
	2008	34.5	6.4	11.8	30.0	12.1	4.9	0.2
	2009	32.5	6.4	17.3	27.8	10.3	5.1	0.6
	2010	30.7	7.7	18.6	27.4	9.5	5.5	0.5
	2011	31.1	7.2	20.1	28.5	8.6	4.1	0.5
	2012	29.0	6.0	20.8	29.2	9.7	4.9	0.3
	2013	27.1	5.8	16.9	31.6	11.6	6.8	0.3
	2014	26.2	6.1	16.1	33.2	10.1	7.8	0.5
	2015	23.4	5.8	18.4	32.6	10.0	9.5	0.3
	2016	21.6	5.6	17.9	31.7	11.3	11.3	0.5
	2017	22.0	5.1	16.7	33.0	10.1	12.9	0.3
	2018	24.3	4.9	15.5	33.3	6.8	14.6	0.5
	2019	22.3	6.7	18.0	30.9	5.1	16.1	0.9
	2020	24.7	6.9	16.9	30.9	6.9	13.4	0.4
	2021	29.2	6.5	17.8	29.7	6.8	9.3	0.8

续表

地区	年份	替代能源类	交通运输类	能源节约类	废弃物管理类	农林类	行政监管设计类	核电类
中部	2006	40.8	7.9	6.6	27.5	12.4	4.5	0.3
	2007	35.7	11.2	8.6	29.0	10.6	4.8	0.2
	2008	32.9	8.9	11.0	32.5	10.2	4.3	0.2
	2009	32.4	6.9	13.0	31.2	13.6	2.5	0.4
	2010	33.6	7.7	18.4	28.0	8.9	3.4	0.2
	2011	31.3	9.0	17.4	27.7	9.9	4.4	0.3
	2012	28.0	9.1	17.1	32.5	9.9	3.1	0.3
	2013	29.9	9.9	15.6	30.5	8.8	5.2	0.2
	2014	28.0	6.3	14.9	35.0	9.6	5.7	0.3
	2015	28.0	6.8	14.6	32.3	11.5	6.5	0.4
	2016	25.3	6.4	13.7	34.4	11.1	8.8	0.3
	2017	25.1	5.0	13.2	34.8	10.6	10.8	0.4
	2018	24.0	5.2	15.4	35.2	9.2	10.5	0.5
	2019	23.8	6.4	15.3	37.0	5.9	11.3	0.3
	2020	24.8	8.0	15.4	34.4	7.5	9.7	0.3
	2021	25.2	8.0	14.6	34.8	9.2	8.0	0.3
西部	2006	29.6	7.3	10.2	35.7	12.3	4.6	0.4
	2007	25.1	9.2	10.3	29.8	21.5	3.9	0.3
	2008	28.5	6.5	14.3	30.4	16.8	3.1	0.4
	2009	35.4	7.8	8.5	28.2	16.9	3.3	0.1
	2010	30.1	8.5	10.6	31.3	15.9	3.4	0.2
	2011	34.0	6.4	14.1	29.4	12.3	3.1	0.7
	2012	32.0	6.8	14.5	30.1	11.8	4.4	0.3
	2013	32.8	5.1	11.4	32.8	12.7	5.1	0.2
	2014	24.9	5.4	14.7	35.2	13.6	5.6	0.5
	2015	23.9	5.4	16.0	33.4	14.9	5.9	0.6
	2016	25.0	3.6	14.5	29.8	16.1	10.7	0.3
	2017	24.8	4.1	13.2	31.2	15.2	11.2	0.3
	2018	22.1	3.8	15.5	33.5	13.2	11.6	0.4
	2019	21.5	4.6	17.0	31.6	11.1	13.7	0.5
	2020	23.4	6.8	14.7	32.9	9.0	12.6	0.7
	2021	28.7	6.8	10.3	35.0	10.8	7.8	0.6

（三）绿色技术创新辐射力

在分析绿色技术创新辐射力指数变动特征的基础上，将对其指标构成因素及变动特征进行深入剖析，突出绿色创新合作网络、技术交易市场、长效合作机制以及空间影响力特征，以更直观、立体地认识绿色技术创新辐射力的内涵和外延。

1. 绿色技术创新辐射力快速增加，中心城市发挥辐射引领作用

表 4-4 呈现了 2006—2021 年"绿创百城"绿色技术创新辐射力，基于此，图 4-14 呈现了部分城市绿色技术创新辐射力平均值及占比情况。不难发现：一是北京、上海、深圳和广州在绿色技术创新辐射力方面表现突出，平均值分别为 26.6、6.9、5.2 和 5.1，且远高于其他城市，这 4 个城市绿色创新指数占比为 43.8%，表明其在绿色技术创新方面具有显著优势。需要特别强调的是北京，其绿色技术创新辐射力一枝独秀，已经成为全国名副其实的绿色技术创新辐射中心。南京、杭州、武汉、成都、天津、长沙、西安和苏州等城市的绿色技术创新辐射力也较强，但与北上广深相比有一定差距，但相关城市绿色技术创新辐射力占比超过 20%，说明它们在绿色技术创新领域也有一定的竞争力。除以上提到的高分和中等分城市外，其他城市在绿色技术创新辐射力方面表现较低，绿色技术创新辐射力平均值低于 1 的城市有 72 个，绿色技术创新指数占比较小，但加总占比仅为 24% 左右。二是沿海地区和一些发达内陆省份在绿色技术创新辐射力方面表现较好，如图 4-15 所示。这些地区通常具有良好的经济基础和较高的科技投入，而这些恰恰是推动绿色技术创新的关键因素。东部沿海城市在绿色技术创新辐射力方面明显优于西部城市，这与中国的经济发展水平、人才资源和科技产业布局有关。三是直辖市及省会城市普遍在

绿色技术创新辐射力方面表现优秀。这是因为作为行政中心，直辖市及省会城市通常承担更多的科研任务和发展责任，并在绿色技术创新方面投入更多的资源。

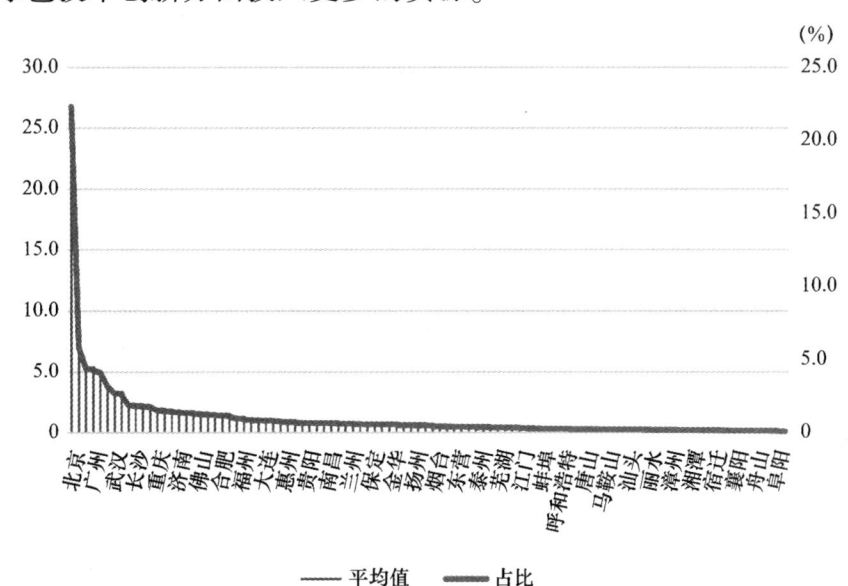

图 4-14　部分城市绿色技术创新辐射力平均值及占比（2006—2021 年）

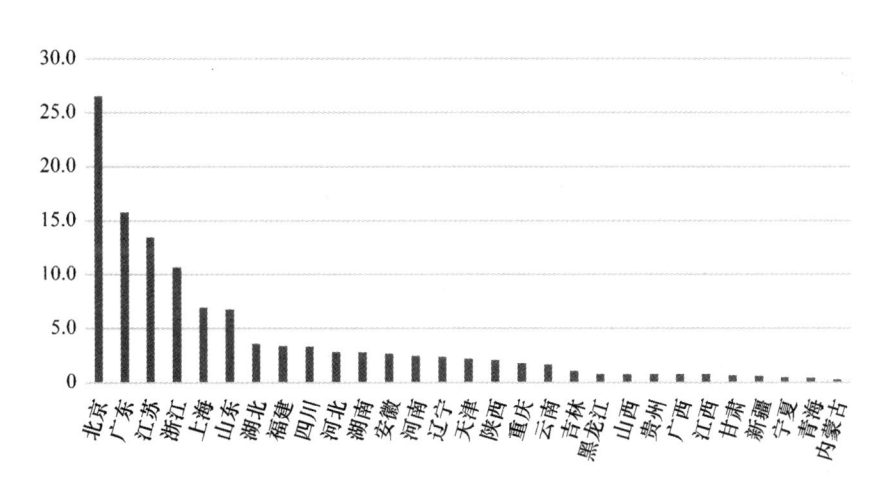

图 4-15　省级行政单元绿色技术创新辐射力均值（2006—2021 年）

表4-4　2006—2021年"绿创百城"绿色技术创新辐射力及平均值

	2006年	2007年	2008年	2009年	2010年	2011年	2012年	2013年	2014年	2015年	2016年	2017年	2018年	2019年	2020年	2021年	平均值
北京	18.9	19.3	19.7	20.8	22.2	23.9	25.7	31.7	33.9	31.8	29.8	27.8	27.6	25.4	34.2	32.1	26.6
上海	9.7	8.2	6.4	7.6	7.3	7.4	5.6	5.3	5.8	5.7	6.1	7.2	6.6	8.7	6.2	7.2	6.9
深圳	2	2.4	2.7	4.3	3.6	5.4	5	4.9	4.6	5.8	6.4	10.5	8.1	8.8	3.8	4.9	5.2
广州	1.4	4.6	3.7	4	4.1	3.4	3.4	3.4	4.1	4.3	5.9	7.9	9.1	8.9	6.2	6.8	5.1
东莞	0.4	0.4	0.7	0.8	0.9	1.3	1.1	1.3	1.2	1.2	1.6	2.7	2	2.4	1.1	1.4	1.3
佛山	0.5	0.5	0.4	0.6	0.7	1.2	1.2	1.4	1.7	2	2.5	3.2	2.6	2.5	1.1	1.6	1.5
珠海	0	0.2	0.2	0.2	0.3	0.5	0.6	0.5	0.5	0.9	0.9	1.1	1.2	1.5	1	1.1	0.7
中山	0	0	0.1	0.1	0.3	0.4	0.6	0.3	0.5	0.6	1	1.2	0.9	1.1	0.4	0.5	0.5
惠州	0	0	0.1	0.3	0.3	0.5	0.2	0.3	0.3	0.4	0.5	0.9	0.7	1.1	0.5	7.8	0.9
江门	0.3	0.4	0.2	0.2	0.1	0.3	0.3	0.2	0.3	0.4	0.3	0.6	0.7	0.6	0.2	0.3	0.3
汕头	0	0	0.3	0.2	0.2	0.2	0.2	0.1	0.2	0.2	0.3	0.5	0.3	0.5	0.3	0.4	0.2
肇庆	0	0	0	0.2	0	0	0.1	0.1	0.1	0.2	0.2	0.3	0.3	0.4	0.3	0.3	0.2
南京	3.1	1.4	3	3.1	4.6	5.3	3.8	3.7	4.3	5.4	5.2	5.7	6.4	7.4	8.8	7.1	4.9
苏州	0.7	1.1	0.9	1.2	1.4	1.8	1.6	1.4	2.1	2.2	2.8	3.5	4.2	4.5	1.7	2.2	2.1
无锡	1.1	0.6	1.7	1.3	1.2	1.3	1.2	1	1.1	1.2	1.5	2.2	1.8	3.7	1	1.3	1.5
常州	0.4	0.4	0.4	1	0.7	1	1.2	0.9	0.9	1.2	1.4	1.5	1.3	1.5	1.1	1.1	1.0
徐州	0	0	0.1	0.2	0.2	0.3	0.5	0.4	0.4	0.4	0.4	0.8	1.1	1.2	0.7	0.9	0.5
南通	0.4	0.3	0.1	0.4	0.5	0.5	0.4	0.5	0.6	0.8	0.7	1.3	1.1	1.6	0.6	0.7	0.7
盐城	0.2	0.3	0.2	0.2	0.3	0.3	0.4	0.2	0.4	0.4	0.4	0.6	0.6	1.1	0.5	0.6	0.4
扬州	0.2	1	0.1	0.4	0.4	1.1	0.7	0.5	0.5	0.5	0.7	0.6	0.6	0.9	0.6	0.7	0.6

续表

	2006年	2007年	2008年	2009年	2010年	2011年	2012年	2013年	2014年	2015年	2016年	2017年	2018年	2019年	2020年	2021年	平均值
镇江	0.9	0.1	0.2	1.2	0.6	0.7	0.6	0.5	0.6	0.5	1.1	0.8	1	1.1	0.7	1	0.7
泰州	0.2	0.2	0.3	0.2	0.2	0.1	0.2	0.2	0.3	0.4	0.6	0.9	0.9	1	0.5	0.8	0.4
宿迁	0	0	0	0.1	0	0.1	0.1	0.2	0.1	0.2	0.2	0.4	0.4	0.4	0.2	0.3	0.2
淮安	0	0	0	0.1	0.1	0.2	0.2	0.2	0.3	0.3	0.3	0.5	0.4	0.5	0.3	0.3	0.2
连云港	0.3	0.1	0.2	0.1	0.3	0.3	0.2	0.3	0.3	0.3	0.4	0.4	0.5	0.6	0.4	0.4	0.3
杭州	3.9	3.9	2.3	2.3	2.9	2.7	2.7	2.5	2.9	3	3.1	4.4	5.1	6	5.9	6.2	3.7
绍兴	0.3	0.5	1.1	0.6	0.6	0.6	0.7	0.7	0.5	0.9	1.8	2.4	2.5	3.5	0.7	0.8	1.1
宁波	4	0.4	0.8	1	1	1.5	1.4	1.2	1.6	1.7	2.1	3.3	2.3	2.4	1.4	1.5	1.7
温州	0.2	0.8	0.2	0.4	0.4	0.8	0.6	0.7	0.9	0.8	1.1	1.9	2	2.3	0.6	1.1	0.9
嘉兴	0	0.4	0.2	0.4	0.7	0.5	0.7	0.5	0.7	0.8	0.8	1.2	1.2	1.5	1	1.1	0.7
金华	0	0	0	0.3	0.5	0.5	0.6	0.7	0.5	0.9	1.1	1.1	1	1.3	0.5	0.7	0.6
台州	0.2	0.2	0.3	0.5	0.5	0.6	0.6	0.5	0.7	0.7	1	1.2	1.5	1.4	0.5	0.5	0.7
湖州	0.3	0.3	0.2	0.2	0.2	0.3	0.4	0.3	0.4	0.6	0.6	1.2	1	1.5	0.7	1	0.6
丽水	0	0.1	0	0	0.1	0.2	0.2	0.3	0.3	0.1	0.2	0.3	0.7	0.7	0.1	0.2	0.2
衢州	0.2	0.3	0	0.1	0.2	0.2	0	0.2	0.2	0.2	0.3	0.4	0.5	0.4	0.4	0.4	0.3
舟山	0	0	0	0.1	0.1	0.1	0.1	0.1	0.2	0.2	0.2	0.2	0.2	0.3	0.3	0.2	0.1
青岛	1.1	1	0.7	0.4	1.2	1	1.3	1.3	1.1	1.6	1.9	2.8	2.3	2.8	2.7	2.6	1.6
济南	0.8	0.5	0.2	1.2	0.7	1	1.3	1.7	1.5	1.8	2.3	2.1	2.5	2.2	3.3	2.7	1.6
潍坊	0	0	0.2	0.1	0.3	0.2	0.2	0.4	0.5	0.6	0.6	0.8	0.7	0.9	0.8	0.9	0.5
烟台	0	0	0.5	0.1	0.3	0.3	0.5	0.5	0.4	0.5	0.6	0.9	1.1	0.8	0.7	0.7	0.5

续表

	2006年	2007年	2008年	2009年	2010年	2011年	2012年	2013年	2014年	2015年	2016年	2017年	2018年	2019年	2020年	2021年	平均值
东营	0.2	0.2	0.4	0.4	0.3	0.2	0.2	0.3	0.3	0.5	0.5	0.6	0.6	0.8	1	0.9	0.5
临沂	0	0.1	0	0	0.1	0.1	0	0.2	0.2	0.6	0.4	0.5	0.4	0.7	0.4	0.4	0.3
济宁	0	0	0	0.8	0.1	0.5	0.2	0.3	0.4	0.3	0.5	0.4	0.5	0.6	0.3	0.3	0.3
淄博	0.2	0.2	0.2	0.1	0.4	0.3	0.3	0.3	0.5	0.4	0.5	0.6	0.7	0.7	0.4	0.4	0.4
聊城	0	0	0	0.1	0.1	0.2	0.3	0.2	0.3	0.4	0.4	0.5	0.6	0.6	0.7	0.4	0.3
威海	0.2	0	0	0.2	0.1	0.1	0.2	0.2	0.2	0.2	0.3	0.4	0.4	0.4	0.3	0.4	0.2
泰安	0.3	0	0	0.1	0.2	0.1	0.2	0.2	0.3	0.3	0.4	0.4	0.6	0.4	0.5	0.4	0.3
德州	0.2	0.1	0	0	0.2	0.2	0.2	0.2	0.2	0.2	0.3	0.3	0.3	0.3	0.4	0.3	0.2
枣庄	0	0	0	0.6	0	0.1	0.1	0.3	0.2	0.2	0.2	0.3	0.2	0.3	0.2	0.2	0.2
泉州	0	0.1	0.1	0.1	0.2	0.4	0.5	0.3	0.7	0.6	1.1	2.4	1.8	3.2	0.4	0.5	0.8
福州	0.2	0.4	0.3	0.6	0.6	0.4	0.6	0.9	0.8	1	1.7	1.8	1.7	1.9	2	1.9	1.1
厦门	0.8	0.4	1	1	0.3	0.7	0.5	0.6	0.9	0.9	1	1.7	1.4	1.5	1.7	1.5	1.0
漳州	0	0	0.1	0	0.1	0.1	0.1	0.1	0.2	0.2	0.3	0.5	0.4	0.5	0.4	0.3	0.2
龙岩	0.2	0	0	0	0	0	0.1	0.1	0.1	0.1	0.3	0.5	0.4	0.5	0.4	0.3	0.2
宁德	0	0	0.1	0.2	0	0.1	0.2	0.1	0.1	0.1	0.2	0.3	0.2	0.4	0.3	0.3	0.2
石家庄	0.3	0.2	0.3	0.7	0.4	0.5	0.5	0.6	0.7	0.7	1	0.9	1.4	1.4	2.3	2	0.9
保定	0.2	0.2	0.4	0.2	0.7	0.6	0.4	0.8	0.6	0.8	0.8	0.8	1	1.2	1.1	1	0.7
唐山	0	0	0.1	0.3	0.2	0.3	0.1	0.2	0.2	0.3	0.3	0.4	0.5	0.5	0.5	0.4	0.3
秦皇岛	0	0	0	0.1	0.2	0.1	0.1	0.1	0.3	0.2	0.3	0.3	0.4	0.5	0.4	0.4	0.2
廊坊	0.2	0.1	0.1	0.1	0.3	0.2	0.2	0.1	0.1	0.2	0.2	0.4	0.5	0.4	0.4	0.4	0.2

续表

	2006年	2007年	2008年	2009年	2010年	2011年	2012年	2013年	2014年	2015年	2016年	2017年	2018年	2019年	2020年	2021年	平均值
沧州	0	0	0.1	0.3	0.1	0.2	0.1	0.1	0.1	0.2	0.2	0.2	0.3	0.4	0.3	0.3	0.2
邯郸	0	0	0	0.1	0.4	0.1	0.2	0.2	0.3	0.1	0.2	0.2	0.3	0.5	0.4	0.3	0.2
邢台	0	0	0	0	0.1	0.1	0.2	0.2	0.2	0.2	0.2	0.3	0.2	0.3	0.3	0.3	0.2
天津	0.4	1.9	0.7	1.8	1.5	1.9	1.8	1.6	1.9	2.1	2.6	3.3	3.7	3.7	3.2	3.2	2.2
合肥	0	0.1	0.7	0.8	0.5	1.2	0.6	0.8	1.1	1.3	1.8	2.3	2.5	3.2	2.6	2.6	1.4
芜湖	0	0	0	0	0.5	0.2	0.1	0.3	0.3	0.5	0.6	0.7	0.7	1.2	0.5	0.7	0.4
马鞍山	0.2	0	0.2	0.1	0	0.1	0.1	0.1	0.2	0.2	0.3	0.5	0.7	0.6	0.3	0.4	0.3
蚌埠	0	0	0	0.4	0.1	0.2	0.3	0.2	0.2	0.2	0.3	0.4	0.4	1.2	0.3	0.7	0.3
阜阳	0	0	0	0.1	0	0.1	0	0	0.1	0.1	0.1	0.1	0.3	0.3	0.2	0.2	0.1
滁州	0	0	0	0.1	0	0	0.1	0.1	0.2	0.1	0.2	0.3	0.3	0.5	0.2	0.2	0.2
六安	0	0	0	0	0	0.1	0	0.1	0.1	0.1	0.2	0.3	0.3	0.3	0.1	0.1	0.1
武汉	1.3	2.2	1.4	2.6	1.8	2.6	2.3	2.8	2.5	2.8	2.9	5.6	4.3	4.2	5.9	5.5	3.2
宜昌	0	0	0.1	0.2	0.1	0.1	0.2	0.2	0.3	0.5	0.3	0.4	0.4	0.6	0.3	0.4	0.3
襄阳	0.1	0.1	0.1	0.1	0.1	0.1	0.2	0.2	0.1	0.2	0.2	0.2	0.2	0.2	0.2	0.2	0.2
郑州	0.1	0	1.4	1.4	1.4	2	1	1	1	1.2	1.7	1.9	2.2	2.4	2.9	2.7	1.5
许昌	0	0	0.2	0.2	0.3	0.6	0.4	0.6	0.7	0.9	1.2	1.1	1.1	0.9	0.8	0.5	0.6
洛阳	0.5	0.2	0.4	0.4	0.3	0.5	0.2	0.4	0.3	0.3	0.3	0.4	0.6	0.5	0.3	0.2	0.4
长沙	1	1.3	1	1.9	1.8	2.4	1.5	1.4	1.5	2.3	2.1	2.7	2.9	3.4	3.7	3.6	2.2
株洲	0.2	0.3	0.2	0.2	0.2	0.2	0.2	0.2	0.3	0.3	0.2	0.4	0.4	0.6	0.4	0.4	0.3
湘潭	0	0	0.2	0.2	0	0.2	0.2	0.2	0.2	0.2	0.2	0.3	0.3	0.4	0.2	0.2	0.2

续表

	2006年	2007年	2008年	2009年	2010年	2011年	2012年	2013年	2014年	2015年	2016年	2017年	2018年	2019年	2020年	2021年	平均值
衡阳	0	0	0	0.3	0	0.1	0.1	0.1	0.2	0.1	0.2	0.2	0.1	0.4	0.2	0.2	0.1
南昌	0.9	0	0.2	0.9	0.5	0.4	0.6	0.4	0.5	0.7	0.9	1.3	1.2	1.3	1.1	1.2	0.8
太原	0	0.7	0.3	0.7	0.9	0.5	0.5	0.5	0.7	0.9	0.9	0.8	1.1	1.3	1.4	1.4	0.8
呼和浩特	0	0	0.1	0.2	0.2	0	0.2	0.1	0.2	0.2	0.2	0.6	0.5	0.6	0.6	0.7	0.3
成都	4.2	1.1	1.8	1.5	1.8	2.2	1.7	2.1	2.3	2.7	3.2	4.2	4.8	5.2	5	4.9	3.0
绵阳	0.2	0.1	0	0.1	0.2	0.3	0.2	0.1	0.2	0.2	0.2	0.5	0.5	0.6	0.5	0.5	0.3
西安	0.2	0.4	0.7	2.9	2.1	1.4	2	1.4	1.7	1.8	2.3	2.5	3	2.9	4	4.3	2.1
重庆	0.6	1.8	0.4	1.3	0.7	1.2	1.5	1.4	1.4	2.8	2	2.3	2.9	3.2	2.5	2.6	1.8
昆明	1.5	1.1	0.7	1.2	1	1.2	1.6	1.4	1.5	1.7	2.1	2.1	2.1	2.2	2.6	2.6	1.7
南宁	0	0	0.5	0.2	0.5	0.6	0.7	1.1	0.8	0.9	0.9	0.9	0.9	1.1	1.6	1.7	0.8
兰州	0	0.2	0	0.3	0.3	0.4	0.7	0.7	0.7	0.7	0.8	1	0.9	1.6	1.4	1.3	0.7
贵阳	0.2	2.2	0.3	0.5	0.5	0.7	0.8	0.7	0.7	0.8	0.7	1	1.1	1.1	0.6	0.7	0.8
乌鲁木齐	0	0	0.1	0.3	0.5	0.4	0.5	0.4	0.7	0.6	0.9	0.7	1	1.1	1.3	1.1	0.6
银川	0	0.3	0.4	0.2	0.3	0.2	0.5	0.3	0.5	0.5	0.6	0.6	0.7	0.8	0.9	0.7	0.5
西宁	0.3	0	0.1	0	0.2	0.1	0.1	0.2	0.3	0.6	0.7	0.8	0.7	0.9	1.1	0.9	0.4
沈阳	2	1.6	0.8	0.9	0.5	1.4	0.8	1.1	1.5	1.2	1.6	1.9	2.2	1.8	1.7	1.5	1.4
大连	0.5	0.7	1	1.1	0.9	1.2	1.2	0.9	0.8	0.7	0.8	1	1.4	1	1.5	1.1	1.0
长春	0.2	0.6	0.2	0.2	0.7	0.9	0.6	0.5	0.9	0.4	0.5	1.2	1	1	0.9	1	0.7
吉林	0.2	0.2	0.2	0	0.2	0.3	0.4	0.3	0.5	0.4	0.4	0.5	0.6	0.8	0.9	0.7	0.4
哈尔滨	0.4	0.4	0.3	1	0.3	0.9	0.8	0.6	0.6	0.7	0.8	1.1	1.3	1.4	1	1.1	0.8

2. 绿色发明专利合作渐成趋势，研发合作网络不断完善

附表6呈现了2006—2021年城市间绿色发明专利合作申请数变动情况。通过详细分析，可以总结出以下特点：一是各城市绿色发明专利合作申请数量出现不同程度的增长，城市间绿色科技创新领域合作意识不断提升，研发合作网络不断完善。在合作研发基础较好的城市中，北京、上海、南京、广州、杭州、天津、武汉、深圳的绿色发明专利合作申请数从2006年的434件、158件、41件、36件、26件、26件、20件和175件，分别增至2021年的10066件、2074件、2001件、1803件、1678件、1097件、1046件和992件。另外，其平均增速则分别为23.3%、18.7%、29.6%、29.8%、32.0%、28.3%、30.2%和12.3%，表明城市间绿色创新合作在不断推进。

二是绿色发明专利合作申请数量存在显著地区差异。图4-16呈现了2006—2019年，合作申请数量平均值大于100件的头部城市合作情况。北京合作申请数量明显高于其他城市，平均值为4140件，是其他城市的几倍甚至十几倍，处于遥遥领先的位置；深圳、上海、广州、南京等城市的平均值为600—800件，杭州、成都、武汉、苏州、济南等，平均值在200—400件。

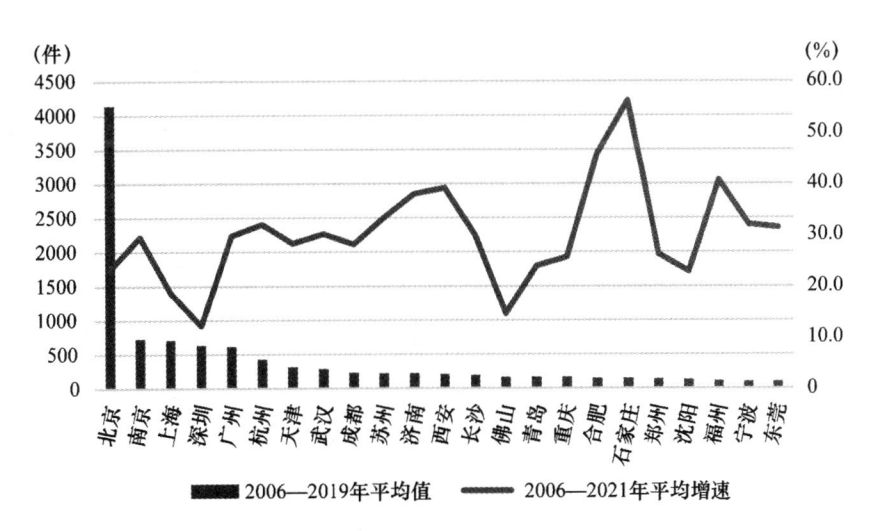

图4-16 头部城市绿色发明专利合作申请情况

此外，其他城市中，龙岩、丽水、宁德、阜阳、舟山、衡阳、六安等合作申请数甚至仅为个位数。

3. 绿色创新合作广度不断加深，但合作强度有待进一步提升

绿色创新合作广度不断拓展，绿色创新合作网络不断形成，部分节点城市成为重要合作网络中枢。附表7为2006—2021年绿色发明专利申请合作城市数量变动，基于此，图4-17呈现了2006年及2021年部分合作城市数量分布。不难发现，大多数城市在2006年时还没有建立合作关系，而到2021年城市合作数量普遍增加。其中，北京、上海、南京、西安合作城市数量增长较为显著，分别增加了241个、128个、128个和112个。而像淄博、马鞍山、盐城、泰州、威海、廊坊、德州、株洲、江门、衢州、台州、龙岩等城市在2006年时就已经有了合作关系，但直至2021年合作城市数量并没有明显增长，这可能是由于这些城市在某些方面的优势不够明显，或者在合作关系的建立上存在一些困难。例如，像滁州、丽水、六安等城市的经济文化发展相对较慢，可能会影响它们与其他城市建立合作关系。此外，像合肥、郑州、南宁、佛山等城市在2006年时没有建立任何合作关系，但在2021年合作城市数量达到84个、63个、39个和37个。城市间合作关系的发展不仅限于发达地区，而是全国性的发展趋势。总体而言，城市间的合作关系已经得到了普遍地推广和发展。

城市间平均合作水平总体偏低，合作强度有待进一步加强。合作强度反映了不同城市之间的绿色发明专利合作申请平均数量，体现了创新合作的深化。附表8呈现了城市之间绿色发明专利申请合作强度。数据显示，2006—2021年，北京与其他城市绿色发明专利合作申请平均数量从14件增至37件，合作强度不断提升，但绝对水平依然总体偏低。另外，与北京类似，2021年广州、深圳、上海、中山平均绿色发明专利合作申请数

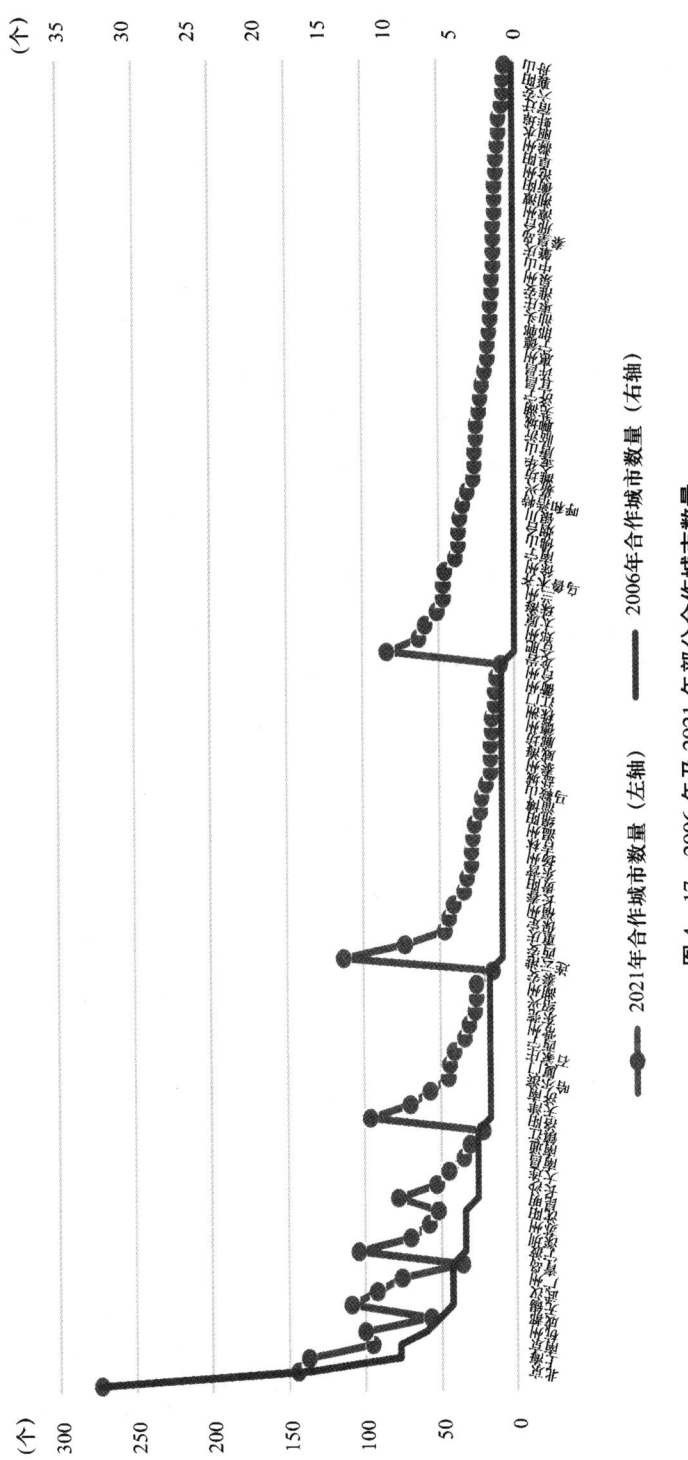

图 4-17　2006 年及 2021 年部分合作城市数量

量也仅为20件、14件、10件和10件，合作强度有待进一步提升。需要指出的是，头部城市中，上海与其他城市的绿色发明专利合作申请数量从44件降至10件，究其原因，考虑到合作强度的变动取决于绿色发明专利合作申请数量与合作城市数量增速两个因素，上海合作强度的下降可能与合作城市数量的迅速增加有关。2006—2021年，与上海合作进行绿色专利申请的城市数从16个增至144个，增幅为8倍，而上海绿色发明专利合作申请数量从158件增至2074件，增长了12.1倍，综合两类因素，最终表现为合作强度的下降，除上海外，南京、青岛、烟台等城市也表现出类似特征。另外，还有一部分东部地区城市期初并无合作城市，随着时间的推移实现了绿色发明专利合作申请数量与合作城市数量的协同提升，并且绿色发明专利合作申请数量增速显著快于合作城市数量增速，最终体现为合作强度的大幅提升，如芜湖、无锡、杭州、绍兴等城市。部分城市虽然绿色发明专利合作申请数量和合作城市数量均快速增加，但两者增速近乎同步，使得城市合作强度变化不大，如厦门、温州、汕头等。最后，需要指出的是，城市间的合作是一个极其复杂的过程，受到人口流动、政策、法律法规、经济结构以及社会文化等多种因素的影响，需要进一步分析数据背后的影响因素，才能更好地理解城市间的合作强度变化情况。

4. 城市合作长效机制不断健全，但仍有诸多节点城市未建立稳固合作关系

以北京为例，根据其2006—2021年绿色发明专利合作申请城市数量变动和具体合作城市清单，识别并计算了当年合作城市数量 C_n、上一年合作城市数量 C_{n-1}、延续上一年合作城市数量 X_n、当年新增合作城市数量 Z_n 和退出合作城市数量 T_n。其中，当年合作城市数量 C_n 反映了城市创新合作拓展边际特征，体现了加入绿色创新合作网络的城市数量。延续上一年合作城

市数量 X_n 和当年合作城市数量 C_n 的比值 X_n/C_n，反映了合作关系的更新迭代和持续性。当年新增合作城市数量 Z_n 和当年合作城市数量 C_n 的比值 Z_n/C_n，反映了新增合作伙伴情况。当年退出合作城市数量 T_n 和上一年合作城市数量 C_{n-1} 的比值 T_n/C_{n-1}，反映了退出合作情况。

表4-5反映了北京绿色创新合作城市动态情况。一是从当年合作城市数量 C_n 看，2006—2021年与北京的合作城市从32个增至273个，全国绝大多数地级及以上城市都与北京建立了绿色创新合作关系。这既体现了城市间交流合作需求的增加，也与北京绿色创新溢出效应的发挥密切相关。二是从 X_n/C_n 看，这一指标呈上升趋势，从2007年的20.0%增至2021年的41.0%，超过四成有连续合作行为，表明北京与其他城市的合作关系巩固加深，长效合作机制也在不断完善。三是从 Z_n/C_n 看，新增合作城市快速下降，从2007年的80.0%下降至2021年的59.0%。这表明绿色创新合作网络在不断发展壮大，而且已经有了较好的合作基础，但随着时间的推移，新合作伙伴的选择空间越来越小，新合作城市占比开始下降，也可能是因为合作伙伴之间的竞争加剧，吸引新的城市参与的难度也在逐渐增加。虽如此，2021年依然新增161个合作城市，合作网络构建速度还处于高位。四是从 T_n/C_{n-1} 看，退出合作城市数量呈逐年下降趋势，比值从2007年的75.0%下降至2021年的54.5%。这可能是因为需求和发展方向不断变化，城市需要不断寻找适合自己的合作伙伴，实现合作关系的更新换代。但是随着时间的推移，退出合作城市数量开始下降，说明合作关系的稳定性逐渐提高。五是大量的核心节点城市还未建立稳固的合作关系。分析发现，大量的核心节点城市、区域中心城市与北京也缺乏长期的合作关系，比如，2007年广州、深圳、苏州等城市大量退出了与北京的合作，2019年石家庄、南昌、重庆、广州、苏州、厦门等主要城市也退出了合作，核心节点城市长效合作机制还有待完善。

表 4-5　　北京绿色创新合作城市动态情况

年份	当年合作城市数量 C_n（个）	延续上一年合作城市数量 X_n（个）	X_n/C_n（%）	当年新增合作城市数量 Z_n（个）	Z_n/C_n（%）	当年退出合作城市数量 T_n（个）	T_n/C_{n-1}（%）
2006	32	—	—	—	—	—	—
2007	40	8	20.0	32	80.0	24	75.0
2008	59	12	20.3	47	79.7	28	70.0
2009	69	23	33.3	46	66.7	36	61.0
2010	96	20	20.8	76	79.2	49	71.0
2011	95	38	40.0	57	60.0	58	60.4
2012	162	36	22.2	126	77.8	59	62.1
2013	205	73	35.6	132	64.4	89	54.9
2014	226	82	36.3	144	63.7	123	60.0
2015	227	103	45.4	124	54.6	123	54.4
2016	241	97	40.2	144	59.8	130	57.3
2017	245	99	40.4	146	59.6	142	58.9
2018	236	108	45.8	128	54.2	137	55.9
2019	240	97	40.4	140	58.3	139	57.9
2020	257	106	41.3	151	58.8	138	57.5
2021	273	112	41.0	161	59.0	140	54.5

5. 城市间技术转移数量不断提升，全国性的技术交易市场正在形成

技术转移网络不断形成，技术转移数量不断增多。城市间专利权转让反映了全国技术交易市场的发育程度以及城市技术转移能力的改善。图4-18显示，与2006年相比，2021年"绿创百城"专利权转让数量都有不同程度的增长，专利权转让数量排名前列的城市主要集中在一线和新一线城市。其中，北京、深圳、上海和广州作为一线城市，具有较强的经济实力和科技创新能力，自然也是国内专利交易市场的主要发展地区，2021年专利权

图 4-18 "绿创百城" 2006 年及 2021 年专利权转让数量

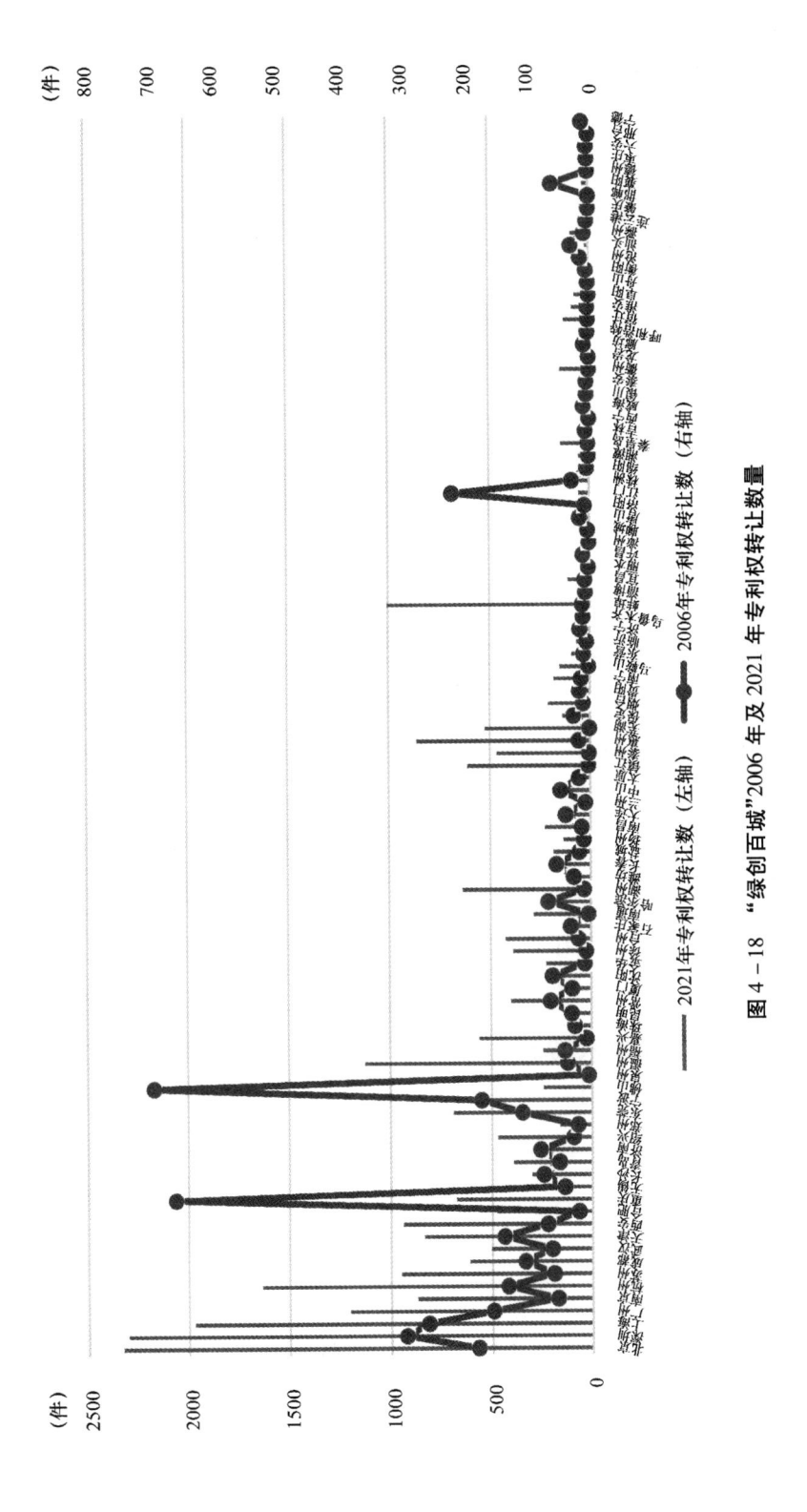

转让数量分别为 2328 件、2302 件、1969 件和 1202 件。而杭州、南京、天津和苏州等新一线城市，近些年技术交易市场发育程度在不断增强，与一线城市差距也在不断缩小。此外，重庆、佛山、宁波和绍兴等城市的专利权转让数量也较多，在科技创新和专利交易市场的发育方面也有较大的潜力。一些人口规模相对较小的城市转让数量增长也非常明显，如温州、蚌埠、惠州等，反映了其对技术创新和技术转移的重视程度不断加深。特别是温州，以制造业为主导产业，一直致力于技术创新和提升产品质量，使得其专利权转让数量上有较大幅度的增长，从 2006 年的 38 件增至 2021 年的 3606 件。另外，一些城市的专利权转让数量虽然较少，但也有不同程度的增长，例如兰州、汕头、银川、邢台等城市，体现了不同城市技术转移能力的普遍提升。

6. 绿色创新影响力具有空间局限性，依然以局部影响为主、全国影响力不足

表 4-6 呈现了 2006 年、2021 年不同城市绿色创新度数中心度、绿色创新介数中心度与绿色创新接近中心度的变动。

一方面，绿色创新度数中心度普遍增加，局部影响力不断提升，不同城市的绿色创新度数中心度呈普遍增加趋势，绿色创新度数中心度为 0 的城市大幅减少，越来越多的城市参与直接绿色创新合作。以北京为基准，其绿色创新度数中心度在 2006 年和 2021 年都是 1.000，并且远大于其他城市，可以看出北京一直是中国创新网络中的最重要的节点，属于名副其实的全国性绿色技术创新城市。上海在 2006 年时也是一个重要的节点，其绿色创新度数中心度为 0.500，但随着其他城市绿色创新影响力的快速提升，其绿色创新度数中心度在 2021 年降至 0.385。深圳和广州绿色创新度数中心度分别从 2006 年的 0.125 和 0.156 增加到了 2021 年的 0.276 和 0.345，城市绿色创新网络地位不断提升。其他城市中，南京、武汉、长沙、成都、西安、重庆和青岛在创新网络中的地位不断提升，成为重要的节点，局部影响力不断提升。而部分城市的绿色创新度数中心度水平保持不变或有所下降，如东莞、杭州、无锡、沈阳、南通、泉州等，表明这些城市在创新网络中的地位相对较低，需要加强创新合作来提高自身地位。

另一方面，绿色创新介数中心度和绿色创新接近中心度普遍提升，城市节点控制力与全局影响力不断改善，但也存在显著的梯度差异特征。除直接建立合作关系外，不同城市还会通过已经建立的合作关系，寻求与其他城市的间接合作。分析发现，在2006年和2021年，大多数城市绿色创新介数中心度呈现了增加趋势，其中，北京最高，体现了北京在绿色创新领域的强大资源控制能力和全局影响力。但与此同时，2021年也存在诸多绿色创新介数中心度为0的城市，如江门、汕头、肇庆、盐城、丽水等，这些城市尚未形成重要的绿色创新节点。其他经济发达城市中，南京、武汉、广州等绿色创新介数中心度均有较大的提升，而上海则出现了较大的下降，从0.538降至0.106。此外，济南、无锡、南昌、镇江和沈阳等城市也出现了不同程度的下降。部分城市在2006年为0，但在2021年有了一定程度的提升，如西安、郑州、兰州、合肥等城市。绿色创新接近中心度是对绿色创新度数中心度的精细化，通过分析发现了类似的规律，北京始终领先，大量城市绿色创新接近中心度从0转正，但也存在不少城市依然为0的情况。综上结果，城市局部影响力、全局影响力总体上波动中上升，但局部影响力和合作网络依然占主导，城市节点控制力或全局影响力有待提升。

表4-6 "绿创百城"度数中心度、介数中心度与接近中心度

	绿色创新度数中心度		绿色创新介数中心度		绿色创新接近中心度	
	2006	2021	2006	2021	2006	2021
北京	1.000	1.000	1.000	1.000	1.000	1.000
上海	0.500	0.385	0.538	0.106	0.982	0.992

续表

	绿色创新度数中心度		绿色创新介数中心度		绿色创新接近中心度	
	2006	2021	2006	2021	2006	2021
深圳	0.125	0.276	0.070	0.073	0.851	0.968
广州	0.156	0.345	0.038	0.140	0.562	0.971
东莞	0.063	0.063	0.000	0.017	0.555	0.949
佛山	0.000	0.103	0.000	0.007	0.000	0.951
珠海	0.000	0.103	0.000	0.006	0.000	0.917
中山	0.000	0.046	0.000	0.001	0.000	0.896
惠州	0.000	0.072	0.000	0.005	0.000	26.000
江门	0.031	0.023	0.000	0.000	0.452	0.895
汕头	0.000	0.029	0.000	0.000	0.000	0.881
肇庆	0.000	0.023	0.000	0.000	0.000	0.868
南京	0.281	0.425	0.130	0.147	0.750	0.996
苏州	0.125	0.155	0.000	0.010	0.779	0.949
无锡	0.188	0.115	0.013	0.005	0.748	0.869
常州	0.063	0.115	0.000	0.005	0.532	0.933
徐州	0.000	0.057	0.000	0.017	0.000	0.910
南通	0.094	0.075	0.000	0.001	0.549	0.877
盐城	0.031	0.052	0.000	0.000	0.531	0.927
扬州	0.031	0.075	0.000	0.001	0.455	0.881
镇江	0.094	0.098	0.036	0.003	0.545	0.841
泰州	0.031	0.057	0.000	0.005	0.531	0.884
宿迁	0.000	0.023	0.000	0.000	0.000	0.896
淮安	0.000	0.040	0.000	0.000	0.000	0.747
连云港	0.063	0.052	0.000	0.001	0.464	0.750
杭州	0.281	0.339	0.189	0.086	0.770	0.990
绍兴	0.063	0.069	0.000	0.001	0.541	0.901
宁波	0.156	0.115	0.241	0.004	0.938	0.961
温州	0.031	0.069	0.000	0.001	0.462	0.883

续表

	绿色创新度数中心度		绿色创新介数中心度		绿色创新接近中心度	
	2006	2021	2006	2021	2006	2021
嘉兴	0.000	0.080	0.000	0.004	0.000	0.929
金华	0.000	0.052	0.000	0.001	0.000	0.892
台州	0.031	0.040	0.000	0.002	0.531	0.945
湖州	0.063	0.057	0.000	0.016	0.526	0.786
丽水	0.000	0.011	0.000	0.000	0.000	0.744
衢州	0.031	0.057	0.000	0.000	0.577	0.651
舟山	0.000	0.034	0.000	0.000	0.000	0.744
青岛	0.156	0.224	0.020	0.045	0.733	0.969
济南	0.063	0.218	0.036	0.031	0.538	0.987
潍坊	0.000	0.098	0.000	0.003	0.000	0.949
烟台	0.000	0.075	0.000	0.002	0.000	0.857
东营	0.031	0.092	0.000	0.004	0.822	0.955
临沂	0.000	0.040	0.000	0.000	0.000	0.942
济宁	0.000	0.029	0.000	0.000	0.000	0.933
淄博	0.031	0.046	0.000	0.001	0.389	0.732
聊城	0.000	0.046	0.000	0.000	0.000	0.938
威海	0.031	0.029	0.000	0.000	0.536	0.867
泰安	0.063	0.046	0.000	0.002	0.540	0.897
德州	0.031	0.046	0.000	0.000	0.367	0.703
枣庄	0.000	0.017	0.000	0.000	0.000	0.792
泉州	0.000	0.034	0.000	0.006	0.000	0.714
福州	0.031	0.144	0.000	0.044	0.370	0.967
厦门	0.063	0.144	0.036	0.021	0.544	0.938
漳州	0.000	0.029	0.000	0.000	0.000	0.882
龙岩	0.031	0.046	0.000	0.002	0.455	0.713
宁德	0.000	0.029	0.000	0.000	0.000	0.713
石家庄	0.063	0.126	0.000	0.018	0.544	0.992

续表

	绿色创新度数中心度		绿色创新介数中心度		绿色创新接近中心度	
	2006	2021	2006	2021	2006	2021
保定	0.031	0.086	0.000	0.002	0.698	0.969
唐山	0.000	0.052	0.000	0.001	0.000	0.905
秦皇岛	0.000	0.046	0.000	0.001	0.000	0.891
廊坊	0.031	0.040	0.000	0.000	0.536	0.897
沧州	0.000	0.023	0.000	0.004	0.000	0.934
邯郸	0.000	0.040	0.000	0.000	0.000	0.897
邢台	0.000	0.017	0.000	0.000	0.000	0.905
天津	0.063	0.213	0.000	0.018	0.704	0.992
合肥	0.000	0.207	0.000	0.045	0.000	0.982
芜湖	0.000	0.057	0.000	0.003	0.000	0.765
马鞍山	0.031	0.029	0.000	0.000	0.371	0.896
蚌埠	0.000	0.029	0.000	0.000	0.000	0.642
阜阳	0.000	0.017	0.000	0.000	0.000	0.809
滁州	0.000	0.011	0.000	0.000	0.000	0.619
六安	0.000	0.011	0.000	0.000	0.000	0.779
武汉	0.156	0.374	0.038	0.146	0.563	0.991
宜昌	0.000	0.034	0.000	0.005	0.000	0.713
襄阳	0.011	0.023	0.000	0.000	0.545	0.726
郑州	0.000	0.195	0.000	0.072	0.000	0.984
许昌	0.000	0.069	0.000	0.001	0.000	0.944
洛阳	0.094	0.017	0.000	0.000	0.933	0.880
长沙	0.094	0.247	0.033	0.093	0.893	0.987
株洲	0.031	0.052	0.000	0.002	0.389	0.679
湘潭	0.000	0.023	0.000	0.000	0.000	0.847
衡阳	0.000	0.023	0.000	0.003	0.000	0.775
南昌	0.094	0.098	0.036	0.007	0.799	0.971
太原	0.000	0.126	0.000	0.029	0.000	0.941

续表

	绿色创新度数中心度		绿色创新介数中心度		绿色创新接近中心度	
	2006	2021	2006	2021	2006	2021
呼和浩特	0.000	0.063	0.000	0.006	0.000	0.935
成都	0.219	0.328	0.238	0.135	0.586	0.982
绵阳	0.031	0.063	0.000	0.002	0.389	0.788
西安	0.031	0.259	0.000	0.101	0.293	0.983
重庆	0.031	0.207	0.000	0.035	0.698	0.976
昆明	0.125	0.161	0.071	0.116	0.481	0.866
南宁	0.000	0.098	0.000	0.067	0.000	0.797
兰州	0.000	0.086	0.000	0.047	0.000	0.961
贵阳	0.031	0.069	0.000	0.007	0.017	0.770
乌鲁木齐	0.000	0.098	0.000	0.019	0.000	0.967
银川	0.000	0.075	0.000	0.001	0.000	0.948
西宁	0.063	0.075	0.000	0.017	0.513	0.958
沈阳	0.125	0.121	0.106	0.021	0.717	0.988
大连	0.094	0.121	0.000	0.010	0.701	0.969
长春	0.031	0.098	0.000	0.010	0.443	0.922
吉林	0.031	0.092	0.000	0.007	0.443	0.957
哈尔滨	0.063	0.098	0.000	0.019	0.540	0.950

（四）绿色创新制度支撑力

在分析绿色创新制度支撑力指数变动特征的基础上，还将对绿色创新制度效率进行深入剖析。

1. 绿色创新制度与政策加力提效，为绿色创新水平提升提供强大保障

图 4-19 呈现了 2006 年以来，中国绿色创新战略和政策实施与绿色创新指数的变动关系。从宏观视角看，中国绿色创新制度支撑力呈现阶梯式、稳步上升态势，对绿色技术创新能力、绿色技术创新辐射力的提升构成了有效支撑，并进一步促

进了中国绿色创新指数的快速增长。2006—2021 年，一些关键时间节点的法律及政策实施，构筑了中国绿色创新指数稳步增长、绿色创新水平不断提升的重要基石和长效制度支撑。

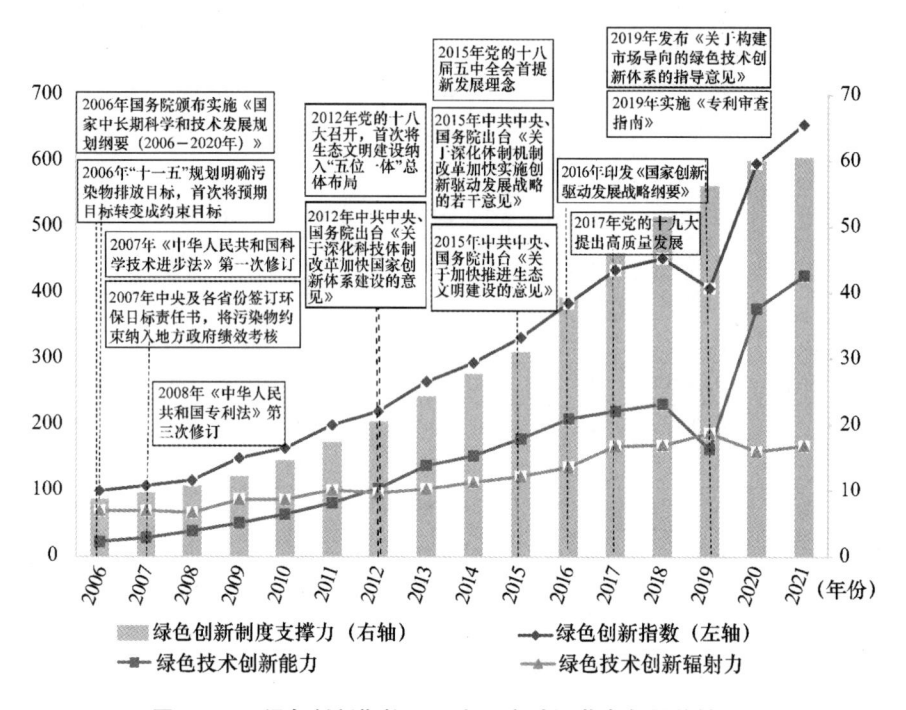

图 4-19 绿色创新指数"三力"变动及节点年份关键制度

一方面，党的十八大之前，以 2006 年为起点的科技创新与环境治理重大体制机制改革，成为中国绿色创新水平快速提升的长效制度支撑。2006 年 1 月，全国科学技术大会召开；同年 2 月，国务院发布《国家中长期科学和技术发展规划纲要（2006—2020年）》；同年 4 月，国务院印发《实施〈国家中长期科学和技术发展规划纲要（2006—2020）〉若干配套政策》，从财政、金融、政府采购、知识产权保护、人才队伍建设方面做出了促进中国自主创新的配套政策安排，制定了引进、消化、吸收的一揽子方案，促进企业消化吸收和自主创新。2006 年 2 月，中共中央、国务院印发《关于实施科技规划纲要增强自主创新能力的决定》，提出组织实施《国家中长期科学和技术发展规划纲要（2006—2020年）》，明确了到2020年使中国进入创新型国家行列的目标。另外，科技创新与专利研发领域的有关法律也在不断完善，2007年《中华人民共和国科学技术进步法》进行了第一次修订，2008年《中华人民共和国专利法》进行了第三次修订。环境治理领域，2006年也是中国环境治理思路转变的转折之年。2006年3月审议通过的《中华人民共和国国民经济和社会发展第十一个五年规划纲要》首次将COD和SO_2两种主要污染物的排放总量以及单位GDP能源消耗量等环保指标确定为经济社会发展的主要目标，不少研究证实了这一制度改革对中国环境治理、产业结构升级、效率提升、绿色创新等方面的积极促进作用。[1] 从而，伴随着有关制度改革的深入推进，2006—2012年，中国绿色创新制度支撑力从8.7增至20.5，绿色创新指数从100增至220.4，增幅均超过一倍。

另一方面，党的十八大以来，中国特色社会主义进入新时代，中国绿色创新水平快速提升、进入到历史新阶段。党的十八大以来，以习近平同志为核心的党中央首次将生态文明建设纳入"五位一体"总体布局，以及确立以"创新"为首的新发展理念，提出"创新是引领发展的第一动力"的重大论断，对科技创新进行战略性、全局性、长远性系统谋划，促使中国绿色创新发展进入到前所未有的历史发展新时期。2013—2021年，中国绿色创新制度支撑力从24.3增至60.6，绿色创新指数从265.4增至655.6，平均增幅接近1.5倍。

党的十八大首次将生态文明建设纳入"五位一体"总体布局，"绿水青山就是金山银山"理念日益深入人心，中国经济社

---

[1] 席鹏辉：《财政激励、环境偏好与垂直式环境管理——纳税大户议价能力的视角》，《中国工业经济》2017年第11期；韩超、张伟广、冯展斌：《环境规制如何"去"资源错配——基于中国首次约束性污染控制的分析》，《中国工业经济》2017年第4期。

会发展逐步迈入全面绿色转型新阶段，这也对绿色技术与制度创新提出了新的要求。2012年，中共中央、国务院印发实施《关于深化科技体制改革加快国家创新体系建设的意见》，提出了新时期全面落实《国家中长期科学和技术发展规划纲要（2006—2020年）》、加快推进创新型国家建设的要求。2015年，党的十八届五中全会首提"创新、协调、绿色、开放、共享"新发展理念；同年，中共中央、国务院出台《关于加快推进生态文明建设的意见》和《关于深化体制机制改革加快实施创新驱动发展战略的若干意见》，为深化创新体制改革、加快推动生态文明建设擘画蓝图。2016年中共中央、国务院印发实施《国家创新驱动发展战略纲要》。党的十九大以来，在经济增长下行压力增大的背景下，高质量发展要求加快推进经济绿色转型。2019年，国家发展改革委、科技部联合发布《关于构建市场导向的绿色技术创新体系的指导意见》，明确了到2022年构建市场导向的绿色技术创新体系的主要目标和重点任务，对推动绿色技术创新与产业发展、生态文明建设现实需求相结合发挥了重要作用。需要指出的是，2019年，国家知识产权局实施了《专利审查指南》，对专利的审查更加规范和严谨、更加注重专利质量。据2020年《世界知识产权指标》报告，2019年中国专利申请量近24年来首次下降，同比降低9.2%，这与中国实施的旨在优化申请结构、提高申请质量的整体监管转型密切相关，由于中国受理专利申请量在全球总量中占比较大，这还使得全球受理专利申请量出现了十年来的首次下降。与此同时，2019年中国绿色专利申请、授权数量及绿色创新指数也出现了明显下降。

2. 各地区稳步提升，但空间差异明显，东部、中部地区明显高于西部和东北地区

一是不同省份绿色创新制度支撑力稳步增加，并且增幅存在显著差异，但未发现指标增幅与基数大小的显著相关关系。

表4-7及图4-20呈现了2006—2021年不同省份绿色创新制度支撑力变动趋势。各省份绿色创新制度支撑力在2006—2021年发生了较大变化，表现出不同程度的增长，其中一些省份的指标增幅较大，如江苏、福建、上海、四川、甘肃、重庆、吉林、云南、河北和内蒙古增幅均超过6倍，这可能与绿色创新制度支撑力的"低基数效应"有关，如2006—2021年，江苏和重庆绿色创新制度支撑力分别从0.019和0.037增至0.562和0.730，而且增幅较大的省份也并不仅限于中西部地区。另外，还有一些省份指标增幅较小，2006—2021年增幅2—5倍，这既包含绿色创新制度支撑力水平较强的北京、广东和浙江，也包括绿色创新制度支撑力相对偏弱的青海、天津、陕西、新疆和宁夏等地区。总体上，各地对于绿色创新的意识逐渐提高，通过各项制度与政策的实施，绿色创新制度支撑力在各省份不断得到提升，但由于经济发展水平、创新意识以及政策实施强度的差异，各地区增幅存在明显差异，并且指标增幅与基数大小并未表现出显著的相关关系。

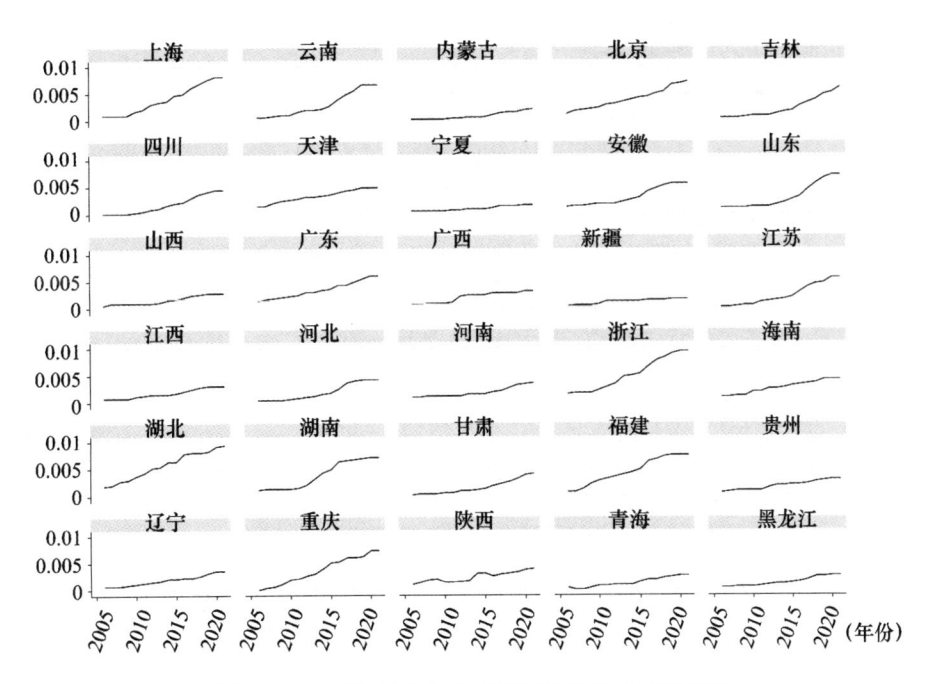

图4-20 不同省份绿色创新制度支撑力变动趋势

二是绿色创新制度支撑力的空间差异明显,东部和中部地区明显高于西部和东北地区。图4-21呈现了2006—2021年绿色创新制度支撑力均值的地区分布,位居前列的有北京、上海、湖北、浙江、福建、湖南、重庆、广东、天津、安徽和山东,多数位于东部地区,少数位于中部地区,位于西部地区的仅有重庆。以北京为例,2006年以来,围绕知识产权保护、专利商用化促进、科技创新奖励、专利研发促进等方面,出台了一系列的政策支持文件,包括《北京市发明专利奖励办法》《北京市专利商用化促进办法》《北京市专利保护和促进条例》《北京市科学技术奖励办法实施细则》以及《北京市促进科技成果转化条例》等。2019年印

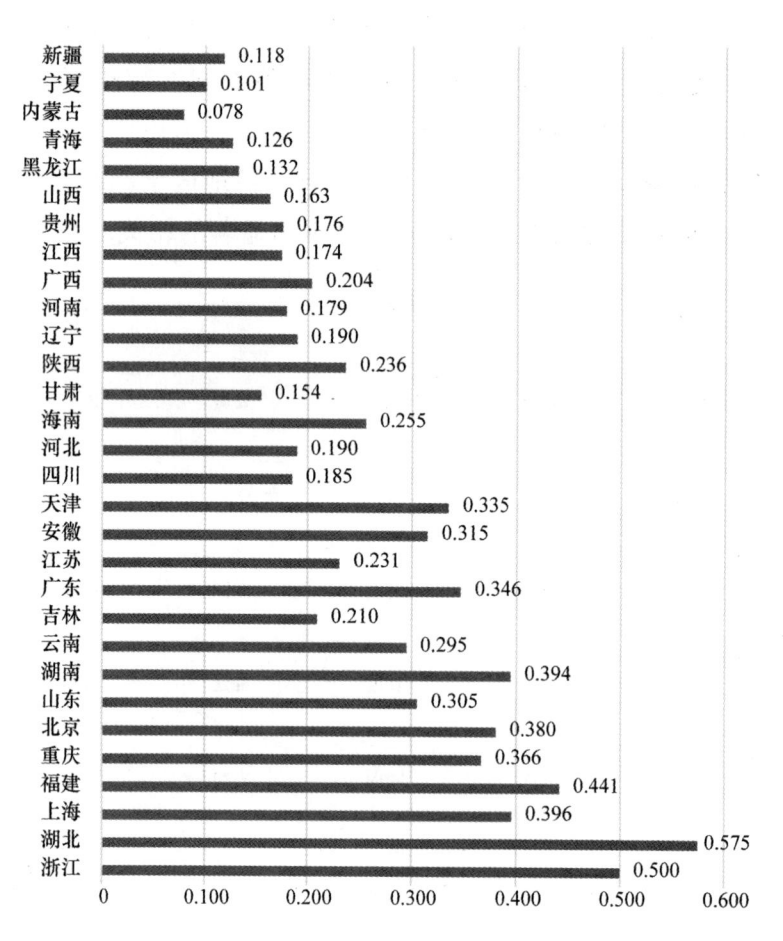

省份	数值
新疆	0.118
宁夏	0.101
内蒙古	0.078
青海	0.126
黑龙江	0.132
山西	0.163
贵州	0.176
江西	0.174
广西	0.204
河南	0.179
辽宁	0.190
陕西	0.236
甘肃	0.154
海南	0.255
河北	0.190
四川	0.185
天津	0.335
安徽	0.315
江苏	0.231
广东	0.346
吉林	0.210
云南	0.295
湖南	0.394
山东	0.305
北京	0.380
重庆	0.366
福建	0.441
上海	0.396
湖北	0.575
浙江	0.500

图4-21 不同省份绿色创新制度支撑力均值(2006—2021年)

发的《关于新时代深化科技体制改革加快推进全国科技创新中心建设的若干政策措施》，是北京在新的历史方位和时代坐标下，深入贯彻落实习近平新时代中国特色社会主义思想，在科技创新领域推出的一项重大改革文件。

另外，绿色创新制度支撑力均值水平靠后的有吉林、广西、辽宁、河北、四川、河南、贵州、江西、山西、甘肃、黑龙江、青海、新疆、宁夏、内蒙古，大都位于西部和东北地区，少数位于中部地区。这一分布特征表明，虽然中央层面出台了一系列的创新支持与环境治理改革政策，但受到地方经济发展目标、资源禀赋、市场发育水平以及绩效考核等不同因素的影响，地方绿色创新制度支撑力存在明显差距，而且与东部地区相比，中西部及东北地区明显滞后，这一特征也符合中国经济社会发展以及科技创新的一般空间分布规律。此外，少数中部地区省份如湖南、湖北表现较为突出，出台实施了大量的创新激励政策。2006年以来，仅围绕专利和知识产权保护，湖北出台实施了《湖北省人民政府关于加快知识产权强省建设的意见》《湖北省知识产权保护行动计划纲要》《湖北专利奖奖励办法》等政策；湖南出台实施了《湖南省专利资助办法》《湖南省专利条例》《关于进一步加强省属监管企业知识产权工作的意见》《关于印发创建知识产权保护示范园区实施方案的通知》等重要文件。创新激励政策的密集出台，可能与两省的国家制造业基地定位密切相关。同时，湖南和湖北也是高校、科研机构密集的省份，拥有一批优秀的高校和科研机构，成为支撑地方企业自主创新和科技提升的重要力量；依托创新资源优势，在地方政府的支持下，以企业为主体、市场为导向、产学研相结合的创新生态系统也在不断完善。

3. 绿色创新体系不断完善，近些年绿色创新制度支撑力增速有所放缓

2013—2021年，国家绿色创新体系日臻完善，创新质量及应用转化成为政策关注的焦点,这使得多数省份绿色创新制度支撑力的平均增速低于2006—2012年。如图4-22及表4-7所示,绿色创新制度支撑力平均增速有所提升的省份,包括山东、吉林、河南、安徽、内蒙古、陕西、山西、宁夏和河北等,如山东、吉林、河南从2006—2012年2.6%、12.2%和3.1%分别增至2013—2021年的19.7%、23.3%和11.4%。其他省份平均增速有所放缓,包括几乎所有的东部地区省份,比如,2006—2012年浙江、广东、天津、北京、上海从2006—2012年的14.5%、14.8%、13.4%、17.8%、21.4%分别降至2013—2021年的9.1%、9.1%、5.5%、9.8%和11.5%。

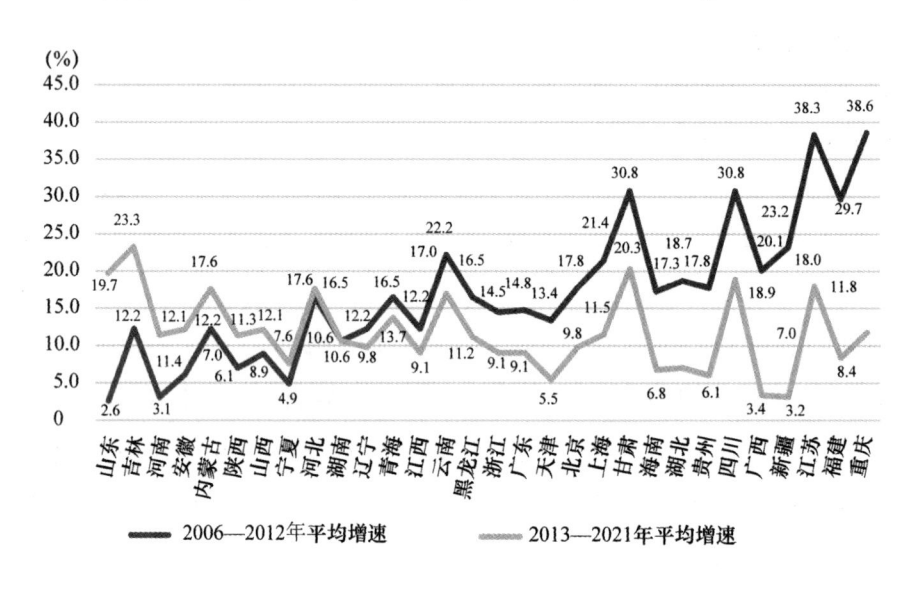

图 4-22　各省份绿色创新制度支撑力平均增速 (2006—2021 年)

综上不难发现,随着时间的推移,创新政策出台的增速相对以前可能有所降低。一方面,随着国家创新体系日臻完善,创新制度表现出一定的稳定性和持续性,诸多创新政策被集成到国家战略或其他政策中,而不需要单独发布,这使得政府降低了对创新政策数量和出台频率上的依赖,更加重视创新政策的落地见效。另一方面,随着中国高质量发展的深入推进以及创新能力的不断提升,对高质量科技创新的需求也在不断提升,前期积累的发明专利逐渐饱和,开始向应用方向推进,这使得创新支持政策目标也更加聚焦,更加关注支持创新质量和创新应用转化。总之,在政府推动创新发展的过程中,随着时间的推移,创新政策出台的增速相对以前可能会有所降低,但这并不代表政府的创新支持力度在减弱,而是转变了思路和方式,更加注重政策的实施和创新效果的落地。

4. 绿色创新制度效率差异明显,创新激励及环境政策执行尚存提升空间

绿色创新制度有效支撑绿色创新指数提升,但制度创新效率差距较大。图4-23呈现了绿色创新制度支撑力(X)与绿色创新指数(Y)散点拟合图,为尽可能排除不可观测因素的影响,提炼出绿色创新制度影响绿色创新指数的"净效应",本研究基于双向固定效应模型,在回归中对时间—省份联合固定效

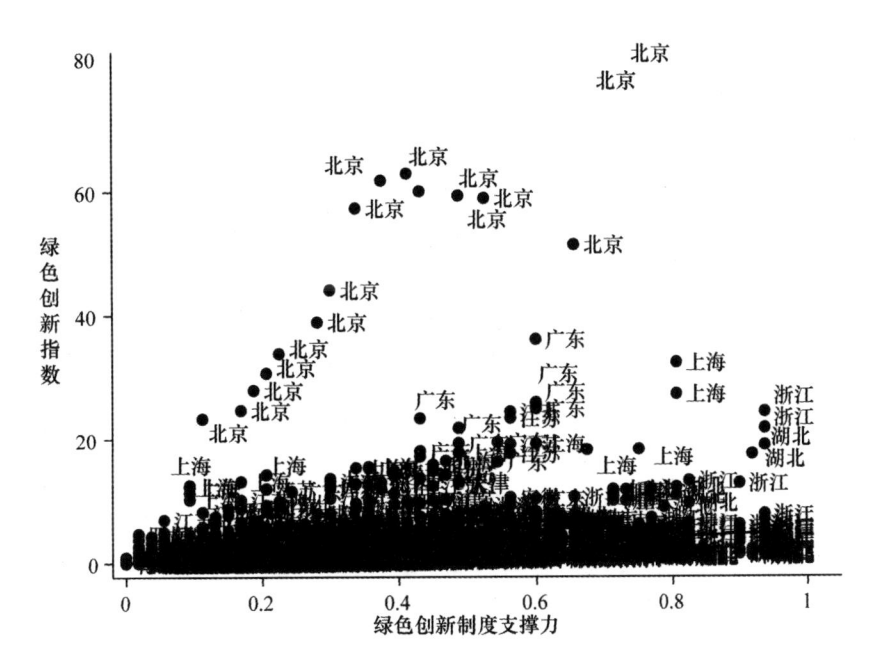

图4-23 绿色创新制度支撑力与绿色创新指数关系拟合图

表4-7 不同省份绿色创新制度支撑力及变动情况

	2006年	2007年	2008年	2009年	2010年	2011年	2012年	2013年	2014年	2015年	2016年	2017年	2018年	2019年	2020年	2021年	2006—2012年平均增速（%）	2013—2021年平均增速（%）
浙江	0.150	0.169	0.169	0.169	0.225	0.281	0.337	0.468	0.487	0.524	0.655	0.768	0.824	0.899	0.936	0.936	14.5	9.1
湖北	0.187	0.206	0.281	0.300	0.375	0.431	0.524	0.543	0.637	0.637	0.787	0.805	0.805	0.824	0.918	0.936	18.7	7.0
上海	0.094	0.094	0.094	0.094	0.169	0.206	0.300	0.337	0.356	0.468	0.487	0.599	0.674	0.749	0.805	0.805	21.4	11.5
福建	0.075	0.075	0.131	0.225	0.281	0.318	0.356	0.393	0.431	0.487	0.637	0.674	0.730	0.749	0.749	0.749	29.7	8.4
重庆	0.037	0.037	0.056	0.112	0.187	0.206	0.262	0.300	0.393	0.506	0.524	0.599	0.599	0.618	0.730	0.730	38.6	11.8
北京	0.112	0.169	0.187	0.206	0.225	0.281	0.300	0.337	0.375	0.412	0.431	0.487	0.524	0.655	0.674	0.712	17.8	9.8
山东	0.112	0.112	0.112	0.112	0.131	0.131	0.131	0.169	0.206	0.262	0.318	0.449	0.562	0.655	0.712	0.712	2.6	19.7
湖南	0.112	0.131	0.131	0.131	0.131	0.150	0.206	0.318	0.431	0.487	0.637	0.655	0.674	0.693	0.712	0.712	10.6	10.6
云南	0.056	0.056	0.075	0.094	0.094	0.150	0.187	0.187	0.206	0.262	0.375	0.468	0.543	0.655	0.655	0.655	22.2	17.0
吉林	0.037	0.037	0.037	0.056	0.075	0.075	0.075	0.112	0.150	0.169	0.262	0.318	0.375	0.468	0.506	0.599	12.2	23.3
广东	0.131	0.169	0.187	0.206	0.225	0.243	0.300	0.300	0.337	0.356	0.431	0.431	0.487	0.543	0.599	0.599	14.8	9.1
江苏	0.019	0.019	0.037	0.056	0.056	0.112	0.131	0.150	0.169	0.206	0.300	0.393	0.449	0.468	0.562	0.562	38.3	18.0
安徽	0.131	0.150	0.150	0.169	0.187	0.187	0.187	0.225	0.262	0.300	0.412	0.468	0.524	0.562	0.562	0.562	6.1	12.1
天津	0.150	0.150	0.206	0.243	0.262	0.281	0.318	0.318	0.337	0.356	0.393	0.431	0.449	0.487	0.487	0.487	13.4	5.5
四川	0.019	0.019	0.019	0.019	0.037	0.056	0.094	0.112	0.169	0.206	0.225	0.300	0.375	0.412	0.449	0.449	30.8	18.9

续表

	2006年	2007年	2008年	2009年	2010年	2011年	2012年	2013年	2014年	2015年	2016年	2017年	2018年	2019年	2020年	2021年	2006—2012年平均增速（%）	2013—2021年平均增速（%）
河北	0.037	0.037	0.037	0.037	0.056	0.075	0.094	0.112	0.150	0.169	0.243	0.356	0.393	0.412	0.412	0.412	16.5	17.6
海南	0.094	0.094	0.112	0.112	0.187	0.187	0.243	0.243	0.262	0.300	0.318	0.337	0.356	0.412	0.412	0.412	17.3	6.8
甘肃	0.019	0.037	0.037	0.037	0.056	0.056	0.094	0.094	0.112	0.131	0.187	0.225	0.262	0.318	0.393	0.412	30.8	20.3
陕西	0.100	0.136	0.180	0.197	0.140	0.142	0.150	0.167	0.304	0.307	0.253	0.290	0.309	0.330	0.375	0.393	7.0	11.3
辽宁	0.075	0.075	0.075	0.094	0.112	0.131	0.150	0.169	0.206	0.206	0.225	0.225	0.262	0.318	0.356	0.356	12.2	9.8
河南	0.094	0.094	0.112	0.112	0.112	0.112	0.112	0.150	0.150	0.150	0.187	0.206	0.262	0.318	0.337	0.356	3.1	11.4
广西	0.075	0.075	0.094	0.094	0.094	0.112	0.225	0.243	0.243	0.243	0.281	0.281	0.281	0.281	0.318	0.318	20.1	3.4
江西	0.075	0.075	0.075	0.075	0.112	0.131	0.150	0.150	0.150	0.169	0.206	0.243	0.281	0.300	0.300	0.300	12.2	9.1
贵州	0.056	0.075	0.094	0.094	0.094	0.094	0.150	0.187	0.187	0.206	0.206	0.225	0.262	0.281	0.300	0.300	17.8	6.1
山西	0.056	0.094	0.094	0.094	0.094	0.094	0.094	0.112	0.150	0.169	0.206	0.243	0.262	0.281	0.281	0.281	8.9	12.1
黑龙江	0.037	0.037	0.056	0.056	0.056	0.075	0.075	0.094	0.112	0.131	0.150	0.187	0.243	0.243	0.262	0.262	16.5	11.2
青海	0.037	0.000	0.000	0.037	0.075	0.075	0.094	0.094	0.094	0.150	0.187	0.187	0.225	0.243	0.262	0.262	16.5	13.7
内蒙古	0.019	0.019	0.019	0.019	0.019	0.037	0.037	0.056	0.056	0.056	0.094	0.131	0.150	0.150	0.187	0.206	12.2	17.6
宁夏	0.056	0.056	0.056	0.056	0.056	0.075	0.075	0.094	0.094	0.094	0.112	0.150	0.150	0.150	0.169	0.169	4.9	7.6
新疆	0.037	0.056	0.056	0.056	0.075	0.131	0.131	0.131	0.131	0.131	0.150	0.150	0.150	0.169	0.169	0.169	23.2	3.2

应进行了控制，以排除时间层面不随个体变化的影响因素、地区层面不随时间变动的因素及有关政策的变动趋势特征，得到两者的回归方程为：$Y=4.408X+0.149$，以及调整 R^2 为 0.70。这意味着，绿色创新制度支撑力不仅对绿色创新指数的提升形成了有效支撑，排除其作为绿色创新指数构成因素（权重仅为 0.010）后，绿色创新制度支撑力还对绿色技术创新能力、绿色技术创新辐射力起到了显著的促进作用，也体现了绿色创新制度（政策）促进绿色创新指数提升的作用机制渠道。

为进一步区分不同地区绿色创新制度效率差异，根据拟合曲线将各省份分为两类：高效和低效。对于拟合线以上的样本，真实绿色创新指数高于拟合预期，这意味着单位绿色创新制度带来了高于拟合预期的绿色创新指数，据此可将其粗略定义为绿色创新制度高效地区（H）；对于拟合线以下的样本，真实绿色创新指数低于拟合预期，这意味着，单位绿色创新制度带来了低于拟合预期的绿色创新指数，据此可将其粗略定义为绿色创新制度低效地区（L）。

基于此，表 4 – 8 呈现了 2006—2021 年不同省份绿色创新制度效率及演变情况。根据各省份绿色创新制度效率变动情况，可将其归纳为"持续高效型""后来居上型""先升后降型""亟待提升型"四类。一是第Ⅰ类："持续高效型。"各省份历年绿色创新制度效率都较高，包括北京、上海、江苏、浙江和广东。二是第Ⅱ类："后来居上型。"早期绿色创新制度效率偏低，但随着时间的推移不断提升，且表现较为稳定，如河北、河南、天津、福建、湖北、安徽和山东；还有一部分地区，不同年份创新效率波动较大，但总体上呈现波动中提升的趋势，如重庆、四川和陕西。三是第Ⅲ类："先升后降型。"绿色创新制度效率呈现先升后降的倒"U"形特征，如黑龙江、辽宁和山西。四是第Ⅳ类："亟待提升型。"绿色创新制度效率在历年几乎均为低效，包括内蒙古、吉林、江西、湖南、广西、海南、贵州、

表4-8 不同省份绿色创新制度效率及演变情况

	2006年	2007年	2008年	2009年	2010年	2011年	2012年	2013年	2014年	2015年	2016年	2017年	2018年	2019年	2020年	2021年	演变类型
北京	H	H	H	H	H	H	H	H	H	H	H	H	H	H	H	H	第Ⅰ类
天津	L	L	L	L	L	L	H	L	H	H	H	H	H	H	H	H	第Ⅱ类
河北	L	L	L	H	H	H	L	H	H	H	L	L	H	H	H	H	第Ⅱ类
山西	L	L	L	L	L	L	H	L	H	L	L	L	L	L	L	L	第Ⅲ类
内蒙古	L	L	H	L	L	L	L	L	H	L	H	H	H	H	L	L	第Ⅳ类
辽宁	L	L	H	L	H	H	H	H	H	H	H	H	L	L	L	L	第Ⅲ类
吉林	L	L	L	L	L	L	L	L	H	H	L	L	L	L	L	L	第Ⅳ类
黑龙江	L	L	L	L	L	L	H	H	H	H	H	L	L	H	H	H	第Ⅲ类
上海	H	H	H	H	H	H	H	H	H	H	H	H	H	H	H	H	第Ⅰ类
江苏	H	H	H	H	H	H	H	L	H	H	H	H	H	H	H	H	第Ⅰ类
浙江	H	H	H	H	H	H	H	H	H	H	H	H	H	H	H	H	第Ⅰ类
安徽	L	L	L	L	L	L	L	L	H	H	H	L	L	H	H	H	第Ⅱ类
福建	L	L	L	L	L	L	L	L	L	H	L	L	L	H	H	H	第Ⅱ类
江西	L	L	L	L	L	L	L	H	H	H	H	H	H	H	H	H	第Ⅱ类
山东	L	L	H	H	H	H	H	H	H	H	H	H	H	L	L	L	第Ⅳ类
河南	L	L	L	L	H	L	H	H	H	H	H	H	H	H	H	H	第Ⅱ类

续表

	2006年	2007年	2008年	2009年	2010年	2011年	2012年	2013年	2014年	2015年	2016年	2017年	2018年	2019年	2020年	2021年	演变类型
湖北	L	L	L	L	L	L	L	L	L	L	L	L	H	H	H	H	第Ⅱ类
湖南	H	H	L	H	H	L	L	H	H	L	H	H	L	L	L	L	第Ⅳ类
广东	L	L	H	L	H	H	H	H	H	H	H	H	H	H	H	H	第Ⅰ类
广西	L	L	L	L	L	L	L	L	L	L	L	L	L	L	L	L	第Ⅳ类
海南	L	L	L	L	L	L	L	L	L	L	L	L	L	L	L	L	第Ⅳ类
重庆	L	L	L	L	L	L	L	L	L	H	H	L	L	L	H	H	第Ⅱ类
四川	L	L	L	L	L	H	H	H	H	H	H	L	L	L	H	H	第Ⅱ类
贵州	L	L	L	L	L	L	L	L	L	L	L	L	L	L	L	L	第Ⅳ类
云南	L	L	L	L	L	L	L	L	L	L	L	L	L	L	L	H	第Ⅱ类
陕西	L	L	L	L	L	L	L	L	L	L	L	H	L	L	L	L	第Ⅳ类
甘肃	L	L	L	L	L	L	L	L	L	L	L	L	L	L	L	L	第Ⅳ类
青海	L	L	L	L	L	L	L	L	L	L	L	L	L	L	L	L	第Ⅳ类
宁夏	L	L	L	L	L	L	L	L	L	L	L	L	L	L	L	L	第Ⅳ类
新疆	L	L	L	L	L	L	L	L	L	L	L	L	L	L	L	L	第Ⅳ类

云南、甘肃、青海、宁夏和新疆。

鉴于绿色创新制度支撑力体现了各地区创新激励政策和环境规制政策的"数量加总",而绿色创新制度效率则反映了不同政策的有效执行,不同省份绿色创新制度效率的不同很大程度上取决于各地区创新政策与环境规制政策的有效实施差异。一方面,地方经济发展水平、知识产权保护环境是创新政策有效实施的重要影响因素。在经济条件相对良好的地区,技术和产品更新换代速度更快,差异化的技术需求也能够很快得到满足,创新制度的实施效果通常更好。另外,知识产权保护环境也对创新行为的发展、推广和运作起着至关重要的作用,如果政策和法律环境缺乏对创新行为的支持和保护,则创新效率也会下降。例如,对于北京以及江浙沪等地区而言,经济发展水平高、产业结构高级、重视知识产权保护等因素成为绿色创新制度效率提升的重要外部环境支撑,而中西部及东北地区在有关方面还存在诸多短板弱项。另一方面,环境规制不完全执行是影响制度效率的另一个关键因素。中国式分权下,环境规制被地方政府视为争夺流动性资源的博弈工具,导致地区间环境规制的策略互动行为,从而孕育了环境规制非完全执行的普遍现象,而且存在显著的地区差异。尤其是对于中西部地区而言,经济增长依然是主导目标,经济发展绿色转型还有待推进,环境规制政策存在较为突出的不完全执行问题,不利于激活地方绿色创新波特效应、实现绿色转型。党的十八大以来,随着生态文明建设的深入推进以及"绿水青山就是金山银山"理念的深入人心,生态文明制度体系不断完善,生态环境治理体系与治理能力现代化水平也在不断提升,尤其是"十一五"时期以来污染物减排目标纳入地方政府绩效考核体系,进一步强化了地方环境治理的激励,也使地方环境规制政策不完全执行得到了很大程度的缓解,绿色创新转型逐渐成了地方内生发展动力。

五 提升中国绿色创新水平对策建议

在过去十余年中，特别是党的十八大以来，中国绿色创新水平得到显著提升，几乎所有地区绿色创新水平都呈现波动上升态势。这一现象并不令人意外，因为恰是这一时期，中国对生态环境保护日益重视，采取的保护力度也不断增强，节能、减排、降碳以及一系列资源效率方面的约束性指标被纳入国家和地方发展规划以及绩效考核体系。党的十八大将生态文明建设纳入中国特色社会主义事业"五位一体"总体布局。并确立了包括创新发展、绿色发展在内的新发展理念，配套政策体系和体制机制也不断建立健全。

然而，中国的绿色创新水平仍明显低于美国等一些发达国家。在绿色创新的应用转化方面，中国与发达国家一样，也面临着突出的障碍。在不少关键绿色技术创新领域，中国也存在瓶颈，特别是在事关碳达峰碳中和的节能和清洁能源发展领域，中国在一些关键技术、设备、零件方面还存在较多短板，相关绿色技术储备与发达国家还存在较大差距。提升中国绿色创新能力，要坚持技术创新与制度创新双轮驱动，推动构建市场导向的绿色技术创新体系的同时，持续优化绿色技术创新制度环境。

（一）提升绿色技术研发投入水平

加大研发资金与人才投入是提升绿色技术创新水平的基础，由于绿色技术创新的双重外部性特征，绿色技术研发投入存在研发周期长、市场回报不足、投资激励较弱等问题。为此，需要积极拓展多层次的绿色技术研发投入渠道，加大绿色技术研发投入，为绿色技术创新提供长效资金和人才支持。

1. 加大绿色技术创新财税金融支持

增加政府绿色技术领域研发投入，加大科研基础设施建设投资力度，在绿色技术领域培育建设一批国家工程研究中心、国家技术创新中心、国家科技资源共享服务平台等创新基地平台。加强财税政策支持，为绿色技术投资提供税收减免、税收优惠等政策支持，对于符合条件的绿色技术创新企业，可以减少或者免除企业所得税。支持金融机构根据企业绿色技术创新项目质量，对其提供资金借贷、担保和投资等支持，或者制定可贴息、长期等灵活贷款计划，支持企业从事绿色技术创新活动。

2. 构建市场导向的绿色技术研发投入机制

建立政府引导基金，支持企业在绿色技术研发方面的投资，引导社会资本加大对绿色技术研发的投入，或者支持各种绿色技术专项基金的设立和运营，扩大绿色技术领域投资，促使相关绿色科技项目得到资本市场认可和支持。探索开展绿色技术股权融资，鼓励高新技术和绿色技术创新企业通过IPO的方式上市，为绿色技术研发提供长期、稳定的投资和资金保障。发挥孵化器和风险投资机构作用，为绿色技术领域企业提供资金、技术和管理等全方位支持。

3. 加强绿色技术人才队伍建设

加大对高校绿色技术专业的引导和支持力度，探索建立政府与高校、科研机构、骨干企业协同合作的绿色技术人才联合培养机制，扩大绿色技术人员规模和提升其素质水平。支持建立行业人才库，整合优秀绿色技术人才的信息，并向社会开放，以此为企业提供最合适的人才资源，实现优秀绿色技术人才信息共享。引导企事业单位加大对绿色技术领域的人才培训、引进、使用、评价等方面的待遇支持力度，通过优化薪酬、福利等机制，提高绿色技术人才的职业满意度和投入热情。培养专业、高效的绿色技术经纪人队伍，充分发挥桥梁纽带作用，促进绿色技术先进成果与产业需求精准链接。

（二）发挥中心城市辐射带动作用

充分发挥中心城市的辐射带动作用和技术溢出效应，是促进绿色创新空间均衡发展的关键。研究发现，绿色技术创新具有显著的头部效应和强核特征，一线城市、国家中心城市以及行政级别较高的城市的绿色技术创新水平远超其他城市，甚至形成了创新断层，这使得绿色创新能力较弱的城市很难依靠自身力量实现绿色创新转型。充分发挥中心城市辐射带动作用，需要从以下多个方面着手。

1. 推动建立区域创新协作机制

鼓励中心城市与周边城市建立区域创新协作机制，共享创新资源，整合各类要素，形成区域内的创新生态圈。依托中心城市的人才、技术、资金等优势，帮助周边城市解决发展困难，可以通过共享相关资源，辐射带动周边城市的绿色创新发展，推动整个区域创新融合发展。引导中心城市与周边城市建立区域创新联盟，促进区域内创新资源共享，推动绿色技术创新成果的转移转化，逐步缩小区域绿色创新差距。

2. 发挥中心城市绿色创新正向溢出效应

由于存在经济地理关联，高技术产业通常会通过产业链一体化辐射周边地区，产生空间溢出效应。以推动产业链与创新链融合发展为方向，鼓励中心城市高科技企业和欠发达城市企业之间开展绿色技术创新投资合作与交流，或者通过节能环保产业转移渠道，带动创新能力较弱地区实现产业绿色转型升级。

3. 支持北京打造具有国际影响力绿色技术创新中心

2006—2021年，北京绿色创新指数及绿色技术创新能力、绿色技术创新辐射力均遥遥领先于其他城市。北京已经成为中国名副其实的绿色技术创新中心，但其国际影响力与欧美领先城市相比还存在一定的差距。2020年，《北京市构建市场导向的绿色技术创新体系实施方案》提出北京将努力建成具有区域辐射力和国际影响力绿色技术创新中心，实现这一目标，需要加强其绿色技术创新体系建设，不断完善绿色技术创新产业体系、生态体系、服务体系，打造国际绿色创新新高地。

（三）打造一批绿色创新产业集群

绿色创新的核心节点城市几乎位于各类城市群中，实际上，城市群不仅仅是多个城市在地理位置上的简单集聚，更强调的是具有重要产业关联的经济区域的空间组织，其核心基础是产业集群。产业集群是创新产生的重要源泉，产业集群内部企业间能够形成促进创新能力形成的各种机制，包括有效的知识传播分享机制、集体学习机制、企业间竞争合作机制以及企业间信任约束机制等。鉴于此，积极营造绿色创新空间，要以城市群为空间载体、以产业集群为组织载体,加快打造绿色创新集群高地。

1. 依托城市群塑造绿色创新空间新格局

聚焦破解城市群一体化发展体制机制障碍,实现城市群内部基础设施互联互通、创新链产业链价值链融合、生态环境协作共治、公共服务共建共享、对外开放协同推进,形成创新导向的城市群发展新格局。加大对城市群绿色低碳产业发展的支持力度,优化城市群产业布局,逐步构建覆盖多个城市的绿色创新产业链,形成具有较强竞争力的产业集群。加强城市群之间的技术交流和合作,鼓励绿色技术创新信息共享,形成城市群之间绿色创新合作网络,实现城市群一体化发展与绿色创新的良性互动。

2. 打造一批绿色创新型产业集群高地

打造绿色低碳产业集群,不仅有助于激发绿色技术创新动力活力,还是推动产业结构绿色转型以及实现碳达峰碳中和的关键途径。鉴于产业集群的形成依托于一定的产业发展和合作基础,绿色创新型产业集群的打造应以既有的产业集群为载体,发挥创新合作机制作用,聚焦节能环保、新能源、循环经济、绿色农业、绿色建筑材料、绿色交通、碳达峰碳中和技术等领域,加大绿色低碳产业发展支持力度,促进形成绿色低碳产业链合作网络,支持重大关键绿色技术联合研发攻关,打造绿色前沿技术创新、绿色技术产业集聚、绿色科技原始创新、新型能源技术创新、绿色农业科技创新、循环经济技术创新以及碳达峰碳中和技术创新导向下的一批创新集群高地。

(四) 强化绿色技术专利质量审查

2006年以来,尤其是新时代十年,中国创新经历了从数量扩张转向质量飞跃，创新质量不断提升成为中国高质量发展的重要动力支撑。绿色技术创新领域也存在类似规律。这得益于中国专利审查制度的不断完善和趋于严格，但总体上还存在着实用新型专利数量偏高、专利审查制度不够完善、审查效率有待提升等问题。提升绿色创新质量，需进一步强化绿色技术专利质量审查的同时，着力提升绿色技术专利审查效率。

1. 加强绿色发明专利审查质量

严把绿色技术专利审查授权关，健全绿色技术专利审查质量相关工作机制，完善覆盖全流程各业务类型的审查质量评价体系，培育更多高价值核心绿色技术专利。高效落实国家知识产权局出台实施的《专利审查指南》《关于规范申请专利行为的办法》等制度规定和政策文件，持续加大非正常专利申请行为打击力度，从源头上降低低质量专利的申请数量。收紧目前较为宽松的实用新型专利审查，在实用新型审查中正式引入明显创造性审查，提高实用新型专利授权门槛。持续加强专利审查队伍能力建设，为提升审查质量提供人才支撑。

2. 提升专利审查效率

2021年，中国发明专利平均审查周期压减至18.5个月，高价值发明专利审查周期已经压减至13.3个月。不过，对于想要尽快获得发明专利授权的企业和个人来说，时间依然较长，审查效率有待进一步提升。研究建立绿色技术创新领域新业态专利审查标准，优化配套审查机制，持续压缩专利审查周期。建立绿色创新领域专利有限审查机制，发挥专利快速预审和专利优先审查机制作用，对节能环保、新一代信息技术、新能源、新能源汽车、智能制造、碳达峰碳中和技术领域的有关专利进行有限审查和快速预审。加强现代信息技术应用，促进专利审查信息化系统改造升级，提高审查数字化、便捷化、智能化水平。

（五）构建绿色技术协同创新机制

随着创新理论从"熊彼特创新思想—创新系统—国家创新系统—产业创新网络—协同创新网络"的突破，技术创新模式也实现了从以传统线性或链式为主到协同创新模式的转变。[1] 在此背景下，构建绿色技术协同创新机制，有助于发挥高校、科研机构、企业等不同创新主体研发资源优势，促进知识共享以及消除信息不对称[2]，降低创新成本和创新风险。近些年来，在绿色技术创新需求驱动下，中国不同地区之间绿色技术创新合作不断增多，通过技术合作、联合研发等途径促进专利申请成为常态，城市之间绿色技术创新合作关系也在不断巩固。但同时，还有诸多重要城市未建立稳定的创新合作关系，而且城市之间合作强度还有待提升。为此，构建绿色技术协同创新机制，要在吸引更多城市加入协同创新网络的基础上，着力提升城市之间创新合作与专利研发强度，不断巩固节点城市合作关系，构建长效合作机制。

1. 拓展绿色技术研发合作网络

充分发挥不同创新主体（高校、科研机构、企业）以及不同地区的创新优势，加强绿色技术联合研发以及合作创新，促进资源、信息与知识共享，降低绿色技术研发风险，提高绿色技术协同创新能力。由政府牵头组建城市绿色创新联盟，会员单位包括各大城市、高校、科研机构和相关企业等，通过互相

---

[1] Christoffersen J., Plenborg T., Robson M. J., "Measures of Strategic Alliance Performance, Classified and Assessed", *International Business Review*, Vol. 23, No. 3, 2014.

[2] De Faria P., Lima F., Santos R., "Cooperation in Innovation Activities: The Importance of Partners", *Research Policy*, Vol. 39, No. 8, 2010.

交流、学习和合作，推动城市之间绿色技术创新和产业绿色转型升级。完善学术交流机制，定期举办形式多样的城市绿色创新交流会议，邀请城市代表和相关领域专家学者就绿色技术、绿色产业和政策设计等方面开展深入研讨，谋求城市合作共识，促进城市交流和协同发展。搭建城市绿色创新信息平台，为城市之间创新合作提供信息咨询、技术交流、人才共享等全方位支持。另外，从创新主体层面，要积极推进"产学研金介"深度融合，支持龙头企业整合高校、科研院所、产业园区等力量建立具有独立法人地位、市场化运行的绿色技术创新联合体，促进创新主体深度融合，实现人力资本、技术资本和金融资本相互催化、相互渗透、相互激励。

2. 建立绿色创新长效合作机制

建立城市之间绿色创新长效合作机制需要政府与市场相结合，既要发挥政府引导作用，完善绿色技术创新政策，推动绿色技术创新链和产业链融合发展，并在此过程中充分发挥市场监管作用，维护市场公平竞争环境，防范不当竞争风险；还要充分发挥市场机制作用，加强不同地区绿色技术需求分析研判，强化政策协同、产业协同和人才协同，推动构建以绿色技术需求为牵引的长效合作机制，满足不同地区的绿色技术需求，实现绿色创新供需动态适配。在此过程中，无法满足市场需求的地区可能会被市场所淘汰、退出合作网络，最终逐步形成城市动态进入、退出的绿色技术创新生态系统，实现合作机制长效化。

3. 深化国际绿色创新合作

国际绿色技术交流对于提升国内绿色创新具有至关重要的作用。通过了解最新技术和趋势、促进技术创新和合作、提高技术水平和竞争力以及加速转型升级，可以为国内绿色产业的发展和跨越式发展提供更多的动力和支持。当前的关键是，探索以"一带一路"、金砖国家、中国—东盟自由贸易区等合作机制为依托，推进建立绿色技术创新联盟等合作机构，强化绿色技术创新国际交流，实现重大关键绿色技术创新"引进来"和"走出去"。通过举办技术交流会、博览会、高峰论坛等形式，宣传推广绿色技术创新成果，促进绿色技术国际交易和转移转化。

（六）积极培育绿色技术交易市场

培育绿色技术交易市场，是中国构建市场导向的绿色技术创新体系的关键组成。推动绿色技术转移与市场交易，有助于优化绿色技术资源配置效率、激发研发主体绿色创新动力活力、促进缩小绿色创新差距以及实现不同地区高质量协同发展。近些年，中国地区性以及跨区域的绿色技术转移转让数量不断增加，但总体上规模非常有限，中国绿色技术交易市场发育还比较滞后。除2021年在浙江设立的国家绿色技术交易中心外，绿色技术相关交易机制大都嵌入地区知识产权交易平台（中心）相关板块，无法实现更大范围的绿色技术供需对接。为此，加快构建绿色技术交易市场机制迫在眉睫。

1. 搭建多层次绿色技术交易平台

支持各地区依托或整合现有交易场所，因地制宜建设专业性、特色化的绿色技术交易市场。另外，在国家绿色技术交易中心（杭州）的基础上，根据区域绿色技术发展优势和应用需求，谋求在北京、上海、深圳、广州、苏州等地区布局新的国家绿色技术交易中心。其中，北京作为全国名副其实的绿色技术创新中心，可发挥自身优势、积极争取国家政策支持，早日推动国家绿色技术交易平台落地。

2. 提升绿色技术转移转化效率

健全绿色技术交易平台管理制度，完善基础甄别、技术评价、供需匹配、交易佣金、知识产权服务和保护等机制，提升绿色技术交易服务能力，促进提升绿色技术转移转化效率。政府可以建立规范的绿色技术交易流程，包括申报审核、技术评估、供需匹配、交易撮合、交易结算等环节，确保交易的公正、透明和规范。具体地，完善技术评价机制，制定技术评价标准和技术鉴定程序，提高技术评价的精度和科学性，为交易参与者提供可靠的技术参考和评估依据。设定合理的交易佣金，鼓励交易平台提供优质的服务和支持，提高交易平台的运营效益和服务水平。加强知识产权保护，建立知识产权保护机制，防止知识产权的侵权和损失，并为交易参与者提供专业的知识产权服务和保护。

3. 完善绿色技术应用推广机制

碳达峰碳中和背景下，以节能降碳、储能、清洁能源、智能电网、资源节约集约循环利用、生态保护修复等领域技术为重点范围，在识别各类绿色技术适用范围、核心工艺、主要参数以及综合效益的基础上，遴选关键技术并发布绿色技术推广目录，在此基础上，加强目录内绿色技术跟踪管理，建立动态调整机制，根据绿色技术应用前沿及时更新调整目标。建立多层次技术推广渠道，通过国家绿色技术交易平台推送、组织开展绿色技术交流、举办绿色技术学术研讨会、召开企业技术推介会等方式，促进绿色技术转化应用。

（七）持续优化绿色技术创新环境

优化绿色创新制度环境，其核心要义在于提升创新激励政策执行效率，促进降低绿色技术研发成本、合作成本以及市场交易成本，持续激发绿色创新动力活力。近些年来，尤其是党的十八大以来，中国综合运用行政、经济、技术、社会治理"工具箱"，不断完善创新激励法律法规、制度及有关政策，知识产权保护环境显著改善，绿色创新制度支撑力有了较大幅度的提升，但受制于一些外部制度约束条件，一些地区创新制度效率不高的问题还比较突出。优化绿色创新环境，关键在于深化体制机制改革，营造知识产权保护环境，加强专利保护的制度创新，做好绿色创新服务保障。

1. 提升知识产权保护激励创新的制度效能

加强知识产权保护是提升创新政策执行效率的关键。知识产权保护是一个系统工程，涉及专利审查、行政执法、司法保护、仲裁调解、行业自律和公民诚信等各个环节，以及国家知识产权局、法院、仲裁机构、行业协会等单位主体，关键在于加强部门协同，可以建立跨部门联合工作机制，制定协同合作的工作流程和标准，明确职责分工和任务落实，加强信息共享和数据互通，构建更宽领域、更深层次的部门协作保护大格局，营造良好的知识产权保护环境。要严格规范绿色技术创新专利申请、商标注册行为，严厉打击不以保护创新为目的的非正常专利代理行为。另外，立法层面，需加快制定知识产权基本法，将知识产权宏观政策以及经济调节、公共服务和运用促进措施等公共政策转化为法律规范，着力提升知识产权工作法治化水平，为知识产权保护以及绿色创新提供长效制度保护。

2. 健全绿色创新全过程服务保障体系

做好绿色技术创新从政策引导、专利合作研发、专利审查授权、技术评估、市场交易到转化应用的全过程服务工作。政策引导环节，完善多层次绿色技术创新融资渠道，加强绿色技术创新金融支持，引导银行降低绿色技术贷款融资门槛，推进探索其他融资服务保障渠道。研发合作环节，依托国家重点实验室、国家技术创新中心、国家科技资源共享服务平台支持关键绿色技术创新联合攻关，实现重要研发数据信息共享。专利审查环节，建立绿色技术知识产权审查"快速通道"，加强数字技术赋能，提升专利审查授权质量与效率。技术评估环节，完善绿色技术创新评价与认证机制，建立覆盖全生命周期的绿色供应链管理体系，为产品全生命周期和全产业链绿色认证提供技术规范，为政策制定提供科学依据，为企业决策提供参考。市场交易环节，搭建绿色技术市场交易平台，加强市场信息透明度和监管力度，促进绿色技术交易。转化应用环节，建立国家、行业等绿色技术标准，规范绿色技术交易的质量，发布绿色技术推广目录，促进绿色技术的应用和推广。

3. 构建绿色创新导向的绿色低碳政策体系

除了创新激励制度及有关政策直接作用，适宜的环境规制政策也会倒逼企业内生调整，通过发挥间接"波特效应"，促进企业绿色创新能力和产业绿色转型升级。目前，从中央到地方已经出台了一系列有助于提升绿色创新水平的政策措施，最具代表性的政策当属国家发展改革委和科技部出台的《关于构建市场导向的绿色技术创新体系的指导意见》。两部委还为该意见制定了《构建市场导向的绿色技术创新体系路线图、时间表》，不少地区也纷纷制定了本地区构建市场导向绿色技术创新体系的规划。这些政策的出台对绿色创新的供给具有良好的激励作用。

加强创新与环境规制政策联动，其根本要求是注重经济绩效和环境绩效双赢，关键在于促进工信部、科技部、生态环境部、农业农村部、国家能源局以及国家知识产权局等相关部门政策协调融合，根本途径是进一步加强党中央对科技工作的集中统一领导，发挥中央科技委员会的统筹协调作用，提升决策效率，营造良好创新生态。另外，从健全绿色低碳政策体系、推动生态环境治理体系与治理能力现代化的角度看，相关绿色低碳政策的出台要统筹兼顾环境与经济目标，坚持绿色创新引领，强化源头治理型、市场导向型环境规制政策实施，综合运用命令控制型、市场激励型以及公众监督型环境规制工具，激发企业绿色创新动力活力，推动减污降碳协同增效，以高水平生态环境保护推动经济高质量发展。

附 录

附表 1　　"绿创百城"绿色发明专利申请与授权数

单位：件；%

	绿色发明专利申请数							绿色发明专利授权数						
	2006年	2007年	2011年	2015年	2019年	2021年	平均增速（%）	2006年	2007年	2011年	2015年	2019年	2021年	平均增速（%）
北京	1848	2484	6365	13909	23463	36937	22.1	1140	1410	4019	7295	2055	6844	12.7
上海	1374	1744	3551	5771	11780	18344	18.9	641	673	1489	2342	576	2687	14.6
深圳	809	935	2166	3788	12586	17174	22.6	395	479	1169	1599	509	3032	10.0
广州	328	425	1045	2872	8744	13889	28.4	191	250	603	1565	555	2837	19.7
东莞	43	65	320	744	1598	2174	29.9	22	29	151	382	91	343	18.7
佛山	121	111	228	1001	1657	2400	22.0	32	41	100	429	69	488	17.6
珠海	51	62	141	415	1960	2198	28.5	28	36	74	227	160	338	21.6
中山	17	34	82	340	592	661	27.6	5	11	50	97	28	137	18.8

续表

	绿色发明专利申请数						绿色发明专利授权数					
	2006年	2007年	2011年	2015年	2019年	2021年	平均增速(%)	2006年	2007年	2011年	2015年	2019年	2021年	平均增速(%)
惠州	10	14	175	670	562	10	0.0	7	8	75	229	21	198	18.4
江门	29	32	74	224	280	375	18.6	13	15	39	60	10	69	11.1
汕头	12	18	46	66	99	186	20.0	5	4	16	31	11	32	21.3
肇庆	2	7	15	52	245	1220	53.4	1	5	8	26	20	32	21.0
南京	386	483	1619	3913	8675	11483	25.4	195	325	884	2041	656	2544	22.6
苏州	150	305	2259	3882	5200	7329	29.6	59	86	568	1157	210	1102	17.9
无锡	98	152	1166	2801	2330	3651	27.3	63	70	378	558	160	748	21.2
常州	60	87	694	1503	1745	2208	27.2	28	47	259	441	104	482	22.8
徐州	33	45	389	338	1919	2107	31.9	14	10	54	178	129	489	19.5
南通	56	95	530	654	1231	2352	28.3	19	24	112	251	54	765	23.2
盐城	25	49	100	404	1014	1464	31.2	7	18	32	174	72	202	15.9
扬州	27	47	303	522	1037	1370	29.9	9	12	63	146	44	229	20.1
镇江	51	45	358	1003	1147	1380	24.6	26	22	117	345	54	278	15.5
泰州	21	42	146	300	647	716	26.5	6	14	43	87	51	125	19.9
宿迁	4	4	39	68	137	420	36.4	1	0	9	24	15	91	24.2
淮安	23	42	60	220	393	590	24.1	10	17	24	42	38	115	17.1

续表

	绿色发明专利申请数						绿色发明专利授权数					
	2006年	2007年	2011年	2015年	2019年	2021年	平均增速(%)	2006年	2007年	2011年	2015年	2019年	2021年	平均增速(%)
连云港	6	5	75	121	224	478	33.9	4	2	33	52	9	104	21.0
杭州	387	514	1254	2487	7713	11821	25.6	246	336	756	1424	710	2795	22.2
绍兴	29	47	155	531	1033	1887	32.1	9	23	62	243	153	206	18.1
宁波	106	169	419	1452	1849	2394	23.1	61	123	243	495	79	531	13.3
温州	61	44	152	433	926	1410	23.3	26	23	78	236	186	276	20.9
嘉兴	27	33	146	517	1207	1712	31.9	17	20	69	204	153	344	16.3
金华	21	25	101	280	933	1139	30.5	9	12	34	138	152	284	6.0
台州	46	31	94	214	654	862	21.6	21	11	66	148	117	217	25.9
湖州	26	22	130	418	769	924	26.9	12	13	54	153	53	197	26.7
丽水	1	6	15	68	185	302	46.3	1	3	9	26	9	59	16.8
衢州	19	9	28	70	266	369	21.9	14	2	13	39	15	71	23.8
舟山	2	1	31	158	260	234	37.4	1	1	18	64	33	66	27.9
青岛	138	159	661	2537	2909	4436	26.0	55	80	292	894	264	1196	10.8
济南	116	219	597	1793	2916	3993	26.6	71	123	318	822	307	1029	20.5
潍坊	41	48	118	541	832	1190	25.2	13	26	72	177	109	387	25.4
烟台	60	48	196	340	598	928	20.0	14	14	70	159	50	273	20.2

续表

	绿色发明专利申请数						绿色发明专利授权数					
	2006年	2007年	2011年	2015年	2019年	2021年	平均增速(%)	2006年	2007年	2011年	2015年	2019年	2021年	平均增速(%)
东营	40	50	41	200	259	647	20.4	13	22	18	74	24	258	25.1
临沂	15	27	51	178	257	520	26.7	2	9	23	75	19	147	24.1
济宁	11	23	53	128	316	483	28.7	5	10	23	62	27	112	25.0
淄博	72	61	133	332	576	678	16.1	30	23	67	138	47	163	7.3
聊城	16	14	25	176	141	223	19.2	9	8	17	40	25	51	17.3
威海	26	23	40	230	248	389	19.8	5	5	14	41	20	120	24.7
泰安	20	57	120	153	257	491	23.8	8	21	33	67	21	112	12.8
德州	7	9	42	90	181	309	28.7	4	1	21	39	21	49	17.1
枣庄	13	24	37	140	201	254	21.9	10	7	14	65	10	61	22.4
泉州	8	40	85	440	789	793	35.9	5	15	37	248	67	129	25.0
福州	62	120	279	681	1554	2075	26.4	28	37	140	416	109	487	17.6
厦门	72	83	247	581	1294	1877	24.3	41	58	118	342	129	394	14.9
漳州	2	6	25	58	214	237	37.5	1	2	14	25	20	46	21.9
龙岩	4	7	45	132	169	253	31.8	2	3	25	28	11	36	14.4
宁德	1	6	14	44	144	244	44.3	0	1	6	23	19	30	22.4
石家庄	38	55	157	398	981	1719	28.9	15	21	84	199	73	371	26.3

续表

	绿色发明专利申请数						绿色发明专利授权数					
	2006年	2007年	2011年	2015年	2019年	2021年	平均增速(%)	2006年	2007年	2011年	2015年	2019年	2021年	平均增速(%)
保定	45	43	212	291	536	1128	24.0	21	26	116	171	28	169	22.0
唐山	20	24	62	170	370	609	25.6	9	13	31	75	26	156	33.2
秦皇岛	31	13	38	91	320	380	18.2	7	2	15	47	45	130	23.0
廊坊	8	17	72	124	264	318	27.8	3	11	43	72	9	72	12.0
沧州	11	15	32	86	175	281	24.1	5	4	19	41	7	64	18.0
邯郸	25	21	36	102	213	310	18.3	8	10	16	32	7	66	11.9
邢台	6	2	13	45	130	162	24.6	1	0	4	12	13	40	18.4
天津	458	508	1152	3209	3939	4475	16.4	200	196	457	878	119	971	31.2
合肥	79	74	412	1792	4140	5260	32.3	52	38	199	636	264	910	16.3
芜湖	19	61	178	1026	815	1076	30.9	12	38	92	186	36	136	29.1
马鞍山	7	13	52	369	697	757	36.6	4	7	31	115	46	132	12.3
蚌埠	6	8	69	385	277	359	31.4	4	4	16	54	9	48	20.9
阜阳	5	6	37	231	385	458	35.1	2	2	8	36	41	57	12.6
滁州	1	6	34	481	350	695	54.7	1	4	7	52	27	83	11.8
六安	2	2	15	119	335	371	41.7	1	1	5	61	43	53	17.5
武汉	266	332	912	1881	5608	8317	25.8	176	217	560	1100	592	2211	15.4

续表

	绿色发明专利申请数							绿色发明专利授权数						
	2006年	2007年	2011年	2015年	2019年	2021年	平均增速(%)	2006年	2007年	2011年	2015年	2019年	2021年	平均增速(%)
宜昌	22	21	58	269	391	529	23.6	12	9	25	114	24	151	18.6
襄阳	70	70	70	209	243	281	9.7	8	8	8	41	16	50	21.5
郑州	122	81	335	721	2254	3374	24.8	64	39	173	352	151	583	14.7
许昌	6	15	40	244	254	429	32.9	3	9	26	119	18	29	25.7
洛阳	29	25	210	293	356	510	21.1	17	11	108	97	28	101	23.6
长沙	121	187	584	1358	3218	4312	26.9	71	102	286	727	335	1276	27.3
株洲	36	41	134	318	527	596	20.6	17	20	88	223	60	191	19.2
湘潭	14	17	76	153	468	383	24.7	8	8	47	77	29	103	11.4
衡阳	4	17	17	155	368	273	32.5	0	3	10	39	18	61	21.3
南昌	31	41	139	355	1039	1557	29.8	16	23	67	131	70	457	23.6
太原	78	90	196	402	877	1383	21.1	55	52	107	258	85	337	18.3
呼和浩特	15	16	48	125	392	619	28.1	10	6	25	64	34	125	35.1
成都	203	246	773	3628	4521	6181	25.6	118	142	374	1109	467	1572	17.7
绵阳	20	31	87	279	500	480	23.6	13	12	44	143	23	111	25.0
西安	128	166	1234	1494	4270	6252	29.6	67	97	471	812	412	1213	32.2
重庆	121	194	760	2608	3419	5066	28.3	46	100	328	715	281	975	#DIV/0!

续表

	绿色发明专利申请数						绿色发明专利授权数					
	2006年	2007年	2011年	2015年	2019年	2021年	平均增速(%)	2006年	2007年	2011年	2015年	2019年	2021年	平均增速(%)
昆明	110	119	313	794	1571	2348	22.6	76	55	164	390	93	497	18.5
南宁	31	37	167	988	1073	1533	29.7	14	16	76	377	68	292	13.2
兰州	44	57	177	356	714	1064	23.7	22	28	94	149	64	241	34.3
贵阳	63	92	123	350	1016	1540	23.8	33	42	59	159	41	247	24.3
乌鲁木齐	29	34	116	191	433	580	22.1	15	18	62	93	20	82	26.0
银川	15	8	51	144	344	658	28.7	4	5	26	42	16	150	15.1
西宁	8	8	15	99	191	392	29.6	2	6	9	45	9	62	13.0
沈阳	221	262	478	969	1438	1822	15.1	114	102	197	374	91	274	18.2
大连	192	228	728	825	1125	1461	14.5	95	130	236	453	71	275	12.8
长春	73	127	224	456	1404	2070	25.0	34	64	118	237	136	534	30.3
吉林	18	15	57	113	201	257	19.4	9	10	26	44	12	70	27.9
哈尔滨	227	260	476	1304	1522	1972	15.5	113	139	254	509	127	528	#DIV/0!

附表2 城市绿色发明专利授权数占全部专利授权数比重（2006—2021年）

单位：%

	2006年	2007年	2008年	2009年	2010年	2011年	2012年	2013年	2014年	2015年	2016年	2017年	2018年	2019年	2020年	2021年
北京	13.8	14.1	14.3	15.8	16.1	16.0	14.8	16.2	16.7	16.7	17.4	19.1	20.1	19.9	35.6	22.8
上海	5.6	5.3	6.1	8.6	8.9	8.0	8.4	9.8	8.8	9.9	12.0	13.4	16.2	16.8	26.4	16.8
深圳	11.9	11.9	13.0	12.8	13.2	12.6	12.3	12.2	12.7	13.3	14.2	15.6	16.4	17.8	32.8	20.5
广州	13.1	15.0	15.0	15.7	13.8	14.0	14.3	15.7	15.3	15.5	15.2	16.8	17.2	19.4	35.2	22.4
东莞	12.2	16.2	15.5	18.6	19.0	16.3	14.5	15.7	14.1	16.8	19.2	19.1	18.9	21.2	36.9	23.0
佛山	9.1	12.3	11.5	12.7	14.1	14.5	14.6	12.9	14.4	15.0	16.1	16.8	16.7	18.2	34.6	20.1
珠海	8.1	7.3	6.5	7.2	9.2	11.2	8.9	8.6	10.9	9.7	10.8	11.7	12.2	12.3	27.4	15.8
中山	11.2	12.4	10.8	11.3	11.9	10.7	13.5	12.1	11.0	14.4	15.4	15.5	16.7	17.1	28.7	18.9
惠州	15.3	15.1	16.1	16.4	15.1	16.0	14.3	13.6	15.1	13.4	15.1	15.7	15.9	17.2	27.9	20.8
江门	11.2	11.8	10.1	11.9	11.8	12.2	12.0	10.9	10.5	12.5	14.7	15.5	16.3	17.9	26.6	22.1
汕头	10.4	10.1	9.8	13.6	14.6	13.7	11.9	11.6	12.3	11.8	12.5	14.3	14.4	15.2	26.3	19.3
肇庆	13.4	13.5	15.3	19.3	14.6	12.6	12.3	8.8	10.3	11.7	15.3	16.1	15.3	17.1	27.6	20.0
南京	10.8	12.8	11.4	12.4	11.2	10.6	9.4	9.2	8.6	8.5	11.6	12.4	13.8	17.7	30.3	19.9
苏州	10.0	9.4	12.2	13.4	12.8	11.2	8.8	7.8	8.6	12.6	12.1	13.0	14.1	15.7	30.6	19.1
无锡	7.4	12.9	15.1	14.3	13.2	12.8	12.1	13.5	15.8	15.7	19.8	19.0	17.2	18.9	29.0	20.8
常州	11.5	13.0	11.2	12.8	16.7	17.0	12.4	10.3	10.5	8.1	11.1	14.5	14.1	14.9	29.0	17.5
徐州	7.3	10.4	11.6	15.7	13.2	12.8	10.8	11.3	11.2	12.6	15.8	18.0	17.9	18.2	31.6	19.0

续表

	2006年	2007年	2008年	2009年	2010年	2011年	2012年	2013年	2014年	2015年	2016年	2017年	2018年	2019年	2020年	2021年
南通	6.2	7.9	10.0	9.2	9.8	10.2	10.8	9.6	9.1	9.7	9.8	10.9	11.8	14.2	38.8	19.2
盐城	14.5	10.2	12.1	10.1	11.3	13.2	12.5	10.7	8.4	9.9	14.1	12.2	13.0	16.5	32.2	19.3
扬州	8.5	8.5	9.9	12.3	16.1	12.4	9.1	9.7	8.9	7.0	9.5	8.3	8.9	8.4	17.2	11.0
镇江	9.5	12.4	12.7	10.8	10.8	10.5	8.5	10.5	8.3	10.6	12.5	10.3	11.5	11.3	24.1	14.4
泰州	8.0	8.4	10.9	8.6	10.1	9.0	8.7	9.0	8.4	9.2	10.3	10.7	10.8	10.8	21.9	15.0
宿迁	7.3	16.1	19.7	12.5	12.9	10.2	8.5	9.3	8.8	13.3	10.1	12.0	12.5	12.1	22.4	14.6
淮安	9.2	6.9	11.3	9.0	10.7	9.2	9.4	7.5	8.5	7.8	10.2	9.7	11.1	10.3	29.3	13.5
连云港	11.5	13.6	14.7	14.1	13.5	9.7	11.7	13.6	11.9	14.5	15.5	16.1	15.0	17.9	34.7	23.2
杭州	10.6	9.0	9.6	9.3	14.4	13.8	13.1	10.6	9.4	10.0	9.6	10.4	10.9	13.1	23.7	16.8
绍兴	14.4	14.5	12.7	17.3	13.0	10.1	8.5	10.1	8.7	9.4	9.4	10.9	12.1	13.6	22.0	15.1
宁波	17.7	17.6	16.9	19.0	19.5	17.6	19.2	17.1	19.5	19.7	21.7	21.5	21.6	23.8	41.2	28.6
温州	10.5	13.3	15.4	15.0	15.6	13.2	18.1	11.9	13.6	15.1	14.5	16.4	15.0	15.9	28.4	18.2
嘉兴	15.9	13.7	16.1	15.7	15.1	13.3	12.3	13.1	13.5	14.5	14.1	15.5	15.3	14.9	25.8	18.2
金华	14.6	12.9	13.8	13.0	11.6	11.1	10.7	10.5	10.5	10.7	11.8	14.5	15.3	16.1	23.6	20.2
台州	5.1	5.9	7.5	6.1	7.2	7.2	7.9	7.1	10.8	11.9	13.1	14.9	17.1	13.7	33.4	18.4
湖州	11.1	4.1	10.7	12.6	8.6	9.3	9.1	9.2	9.6	10.0	13.6	10.6	12.1	12.3	11.4	15.7
丽水	9.5	6.7	6.0	7.8	8.3	7.5	6.3	8.0	7.0	8.3	10.0	9.4	10.9	11.1	29.5	14.5

续表

	2006年	2007年	2008年	2009年	2010年	2011年	2012年	2013年	2014年	2015年	2016年	2017年	2018年	2019年	2020年	2021年
衢州	9.8	11.6	11.4	13.2	15.3	14.7	13.9	12.9	13.5	15.7	17.7	17.4	18.1	18.2	32.2	23.8
舟山	12.0	11.8	9.2	10.5	10.0	7.1	6.3	7.3	7.9	9.1	9.7	10.3	11.6	13.5	23.6	16.8
青岛	18.4	16.0	16.0	14.7	14.5	13.9	10.6	10.6	10.2	11.2	13.1	15.0	14.5	14.6	23.9	16.7
济南	12.6	8.2	14.5	11.1	12.6	8.4	10.0	6.6	7.4	7.2	9.3	9.7	9.4	11.6	28.2	15.7
潍坊	9.0	13.5	9.5	13.2	13.5	10.6	11.6	7.2	8.3	11.0	15.4	12.4	12.2	14.0	27.9	17.0
烟台	9.7	12.4	13.7	13.8	12.3	10.6	11.3	10.9	10.1	11.0	12.0	15.2	14.9	15.6	26.1	19.7
东营	13.2	14.2	15.4	13.9	14.6	10.0	12.0	11.5	11.0	13.0	14.3	13.8	13.6	16.8	31.6	17.8
临沂	7.0	11.0	10.3	14.6	10.3	11.8	9.5	9.3	9.9	10.7	12.8	15.9	15.7	18.3	35.4	21.2
济宁	9.3	12.5	18.6	14.5	13.1	12.3	12.5	10.6	12.0	11.9	16.1	15.9	14.7	19.0	35.0	21.9
淄博	15.9	16.3	13.6	16.1	15.5	12.4	13.5	13.8	15.8	17.9	18.6	17.9	19.6	16.4	31.3	20.2
聊城	12.8	11.7	13.9	14.0	17.7	15.9	16.3	13.8	14.4	16.0	15.6	17.5	15.5	17.8	28.2	26.3
威海	9.7	12.4	8.2	7.9	12.3	7.1	9.0	7.7	10.3	8.1	9.8	10.0	9.8	10.7	20.6	12.1
泰安	15.4	15.0	11.0	13.5	14.0	12.2	12.0	13.5	16.3	15.2	16.8	15.7	17.2	16.6	32.1	21.2
德州	12.2	9.1	11.7	13.3	12.7	13.3	11.2	10.6	11.9	11.9	12.9	12.9	13.2	16.4	25.8	18.6
枣庄	5.7	8.0	6.8	7.0	11.0	7.5	7.8	7.2	6.5	6.7	9.1	10.3	10.5	13.9	26.7	14.7
泉州	24.4	13.2	13.7	17.4	14.4	15.0	16.9	17.4	16.9	15.2	14.1	15.8	13.9	13.0	26.7	0.2
福州	11.9	16.8	6.7	10.5	10.7	9.5	5.3	5.7	6.1	8.6	8.5	8.6	10.0	10.8	24.0	14.0

续表

	2006年	2007年	2008年	2009年	2010年	2011年	2012年	2013年	2014年	2015年	2016年	2017年	2018年	2019年	2020年	2021年
厦门	21.7	18.9	19.4	20.7	21.5	28.5	29.9	22.9	20.0	19.9	21.8	19.2	17.8	21.6	44.6	27.8
漳州	9.5	5.4	11.6	8.7	8.4	10.3	6.6	6.4	7.8	8.5	15.5	14.3	14.1	14.0	32.2	16.3
龙岩	10.2	17.0	15.0	11.8	15.8	10.3	13.8	11.1	10.9	12.9	13.5	12.7	15.7	17.4	33.9	23.5
宁德	16.7	16.2	22.0	23.9	20.5	20.5	19.1	15.9	13.5	12.9	14.1	15.3	18.9	23.0	39.7	29.8
石家庄	7.4	14.0	17.5	15.0	12.1	12.1	7.9	4.7	6.6	10.6	12.2	13.6	15.5	14.2	33.1	16.0
保定	13.7	9.2	10.6	11.8	17.5	11.5	12.4	11.1	12.6	16.8	15.1	14.1	14.0	17.0	41.8	23.8
唐山	11.5	13.1	7.7	7.3	9.9	7.9	6.3	6.3	7.5	6.7	7.1	12.8	9.8	13.4	32.0	18.5
秦皇岛	8.2	11.7	14.0	11.3	10.9	9.3	8.7	8.0	8.4	8.1	12.4	12.3	12.2	14.9	27.1	16.4
廊坊	18.4	16.1	15.9	19.1	14.2	19.8	16.0	14.9	16.6	14.1	19.1	19.9	19.6	24.1	40.4	25.0
沧州	12.8	15.1	10.1	11.5	12.3	6.1	8.4	5.4	5.3	7.2	9.7	10.9	10.6	11.1	22.7	15.2
邯郸	9.7	13.6	16.1	19.1	8.6	9.2	11.5	9.5	10.2	10.7	11.0	9.4	11.7	17.6	32.4	18.7
邢台	13.3	9.6	8.4	11.9	11.3	11.8	8.5	7.6	10.1	13.0	10.2	12.2	12.8	20.5	25.5	22.7
天津	1.8	7.7	6.0	11.2	7.2	9.9	4.3	7.2	9.3	7.7	9.4	9.2	10.4	10.3	30.6	16.7
合肥	9.8	13.6	14.0	11.3	17.6	14.9	16.1	18.4	19.5	17.1	16.1	13.2	13.3	21.7	54.1	26.5
芜湖	3.4	12.2	6.8	9.3	14.7	7.9	11.7	12.2	10.3	8.3	9.6	10.9	11.1	14.4	21.2	14.5
马鞍山	11.7	6.9	11.3	9.6	14.0	7.1	11.9	7.8	7.9	15.2	10.2	12.2	10.9	10.3	21.5	14.4
蚌埠	12.0	12.8	10.0	18.1	14.6	11.1	13.5	11.8	13.3	15.3	16.7	17.5	18.2	13.9	29.3	22.0

续表

	2006年	2007年	2008年	2009年	2010年	2011年	2012年	2013年	2014年	2015年	2016年	2017年	2018年	2019年	2020年	2021年
阜阳	12.7	6.5	9.5	12.1	12.3	12.7	8.1	10.0	7.9	8.2	9.2	10.3	9.2	10.8	21.9	12.1
滁州	15.2	19.2	11.8	9.5	10.5	10.1	7.3	9.9	8.6	9.7	10.2	7.6	10.1	10.2	26.0	14.4
六安	18.5	14.2	13.9	19.5	17.0	19.2	18.3	17.7	21.5	17.6	21.5	22.2	19.4	18.7	35.2	21.0
武汉	11.7	13.4	10.3	11.5	15.6	10.2	11.1	7.5	8.7	11.7	11.8	13.6	14.5	13.1	19.2	12.6
宜昌	12.7	11.1	15.8	16.9	14.9	15.7	10.9	12.7	15.7	13.1	16.3	15.5	15.7	18.3	33.1	20.4
襄阳	18.1	7.1	9.1	10.1	12.6	9.1	8.2	7.9	10.7	9.1	12.8	13.1	12.4	14.1	18.7	17.5
郑州	11.5	8.7	12.6	17.8	21.0	20.0	14.6	16.9	19.4	20.3	22.4	23.9	24.6	26.3	46.1	25.2
许昌	12.5	10.8	13.5	17.1	15.1	9.3	16.8	16.0	12.0	12.4	17.0	19.3	18.2	20.3	43.6	31.7
洛阳	13.6	8.5	5.5	6.9	6.3	3.8	4.4	4.6	5.7	8.5	8.2	7.9	10.9	14.1	25.9	17.0
长沙	15.0	11.0	16.3	17.8	21.9	21.4	16.5	15.4	12.8	10.9	10.6	16.4	17.4	20.0	45.8	30.5
株洲	8.9	11.4	7.5	10.0	8.4	7.3	7.9	9.4	13.0	11.6	17.3	14.3	13.5	14.8	33.4	22.7
湘潭	19.6	8.3	18.8	11.4	15.0	11.0	9.8	9.9	10.2	8.2	11.2	10.3	14.8	13.9	37.0	16.6
衡阳	12.1	14.3	18.9	27.1	10.5	17.8	12.2	13.1	11.2	12.5	9.1	15.7	17.7	20.1	44.3	23.3
南昌	11.3	19.1	18.7	24.3	26.4	20.3	25.2	13.0	18.2	16.3	22.3	15.3	14.0	12.6	27.2	18.1
太原	14.3	8.2	5.7	5.8	11.7	10.0	9.6	14.2	15.9	17.8	19.8	18.2	19.9	23.4	38.3	28.0
呼和浩特	15.4	12.1	11.1	15.8	10.6	16.0	13.5	8.4	12.0	10.4	8.8	10.0	10.0	12.4	38.2	17.3
成都	13.4	19.3	9.9	10.6	9.0	8.0	5.5	9.4	11.8	9.9	10.2	11.8	13.7	16.4	28.7	20.8

续表

	2006年	2007年	2008年	2009年	2010年	2011年	2012年	2013年	2014年	2015年	2016年	2017年	2018年	2019年	2020年	2021年
绵阳	11.9	11.8	12.8	3.4	8.1	12.8	15.4	7.1	7.3	6.9	10.2	9.3	10.2	12.1	30.8	16.2
西安	4.9	1.8	13.6	7.5	5.8	7.9	12.3	11.3	11.6	12.8	18.1	14.8	18.1	18.1	23.1	22.6
重庆	6.5	16.8	15.9	17.6	7.9	7.3	7.4	10.7	8.6	9.1	11.5	8.4	10.8	13.3	29.9	17.8
昆明	15.7	18.3	11.2	9.5	16.8	19.0	18.0	12.4	7.9	17.2	18.8	14.7	17.9	18.8	41.5	23.7
南宁	8.6	10.5	10.7	10.4	6.1	4.3	4.9	4.4	7.6	7.3	4.7	7.5	7.6	9.5	21.2	16.7
兰州	3.6	10.9	5.3	8.0	8.9	8.5	6.0	3.6	4.8	9.3	9.9	9.7	10.5	10.9	28.5	14.7
贵阳	4.9	3.2	6.4	10.6	4.7	8.8	6.9	8.4	7.3	11.3	12.0	14.2	13.6	15.4	46.3	19.4
乌鲁木齐	5.9	21.2	6.5	4.1	9.5	5.7	11.9	14.3	11.7	11.9	12.6	12.6	16.2	15.3	16.4	98.9
银川	18.7	18.4	7.4	9.3	10.6	9.8	10.0	8.6	8.6	10.5	12.0	13.4	12.9	15.5	37.4	17.2
西宁	6.7	6.7	6.7	6.7	6.7	6.7	5.5	6.1	4.8	5.7	6.4	7.3	11.3	12.2	20.1	13.2
沈阳	11.7	8.7	12.7	18.8	13.8	12.3	13.1	7.7	12.3	12.9	14.5	16.3	14.5	14.1	26.9	16.7
大连	14.8	10.5	10.8	20.9	14.1	10.1	13.6	14.2	17.1	15.9	13.0	13.7	11.0	12.9	18.8	14.4
长春	10.0	9.5	25.0	23.0	17.0	8.7	7.9	5.4	9.0	9.4	11.5	12.4	13.6	13.4	24.8	14.0
吉林	12.0	4.4	9.4	10.4	14.9	13.5	10.2	11.4	12.3	10.2	8.8	12.6	12.7	15.4	31.3	16.3
哈尔滨	4.3	14.3	12.8	14.7	10.9	7.7	9.0	5.9	5.6	9.5	16.2	20.4	16.2	16.1	28.5	17.7

附表3　"绿创百城"全部发明专利及绿色发明专利授权率变动

单位：%

	全部发明专利授权率							绿色发明专利授权率						
	2006年	2007年	2011年	2015年	2019年	2021年	平均值	2006年	2007年	2011年	2015年	2019年	2021年	平均值
北京	60.8	59.1	65.1	57.4	10.9	21.9	48.5	61.7	56.8	63.1	52.4	8.8	18.5	45.9
上海	48.2	46.2	49.1	48.1	6.2	16.7	38.0	46.7	38.6	41.9	40.6	4.9	14.6	33.9
深圳	63.0	62.9	58.0	49.6	4.9	18.4	42.8	48.8	51.2	54.0	42.2	4.0	17.7	36.8
广州	59.4	60.5	59.4	54.3	6.9	20.6	45.4	58.2	58.8	57.7	54.5	6.3	20.4	45.4
东莞	39.4	44.7	50.0	58.5	5.3	17.5	39.9	51.2	44.6	47.2	51.3	5.7	15.8	35.9
佛山	37.6	45.0	48.8	47.2	6.2	21.5	36.6	26.4	36.9	43.9	42.9	4.2	20.3	33.5
珠海	54.9	59.7	60.2	60.2	12.0	22.3	46.2	54.9	58.1	52.5	54.7	8.2	15.4	40.5
中山	40.9	44.9	47.0	33.3	3.1	18.0	33.4	29.4	32.4	61.0	28.5	4.7	20.7	30.1
惠州	58.5	43.4	55.8	36.6	4.5	9.5	36.5	70.0	57.1	42.9	34.2	3.7	80.0	59.5
江门	51.8	53.9	45.7	25.1	4.7	18.9	32.2	44.8	46.9	52.7	26.8	3.6	18.4	30.3
汕头	61.2	45.6	21.4	44.2	8.4	21.7	32.6	41.7	22.2	34.8	47.0	11.1	17.2	28.9
肇庆	52.9	63.6	50.6	49.9	7.0	24.5	41.6	50.0	71.4	53.3	50.0	8.2	2.6	34.8
南京	49.4	62.1	54.3	45.9	9.2	23.5	41.4	50.5	67.3	54.6	52.2	7.6	22.2	43.8
苏州	42.6	28.9	27.9	28.0	4.6	16.4	24.8	39.3	28.2	25.1	29.8	4.0	15.0	25.3
无锡	57.2	52.5	30.5	21.2	7.3	21.0	28.4	64.3	46.1	32.4	19.9	6.9	20.5	30.1
常州	47.8	56.7	29.6	27.2	6.7	26.6	30.8	46.7	54.0	37.3	29.3	6.0	21.8	33.5
徐州	39.3	12.1	13.9	51.8	7.0	28.0	22.9	42.4	22.2	13.9	52.7	6.7	23.2	24.1

续表

	全部发明专利授权率						绿色发明专利授权率					
	2006年	2007年	2011年	2015年	2019年	2021年	平均值	2006年	2007年	2011年	2015年	2019年	2021年	平均值
南通	40.3	28.4	10.7	33.5	6.3	38.5	23.1	33.9	25.3	21.1	38.4	4.4	32.5	25.0
盐城	27.0	32.6	24.2	37.9	8.5	16.5	25.4	28.0	36.7	32.0	43.1	7.1	13.8	30.8
扬州	38.4	31.6	17.6	18.9	8.0	16.2	20.4	33.3	25.5	20.8	28.0	4.2	16.7	24.6
镇江	47.4	48.5	38.6	30.2	6.2	19.2	30.9	51.0	48.9	32.7	34.4	4.7	20.1	32.3
泰州	29.8	31.9	21.8	17.1	9.1	21.3	19.7	28.6	33.3	29.5	29.0	7.9	17.5	20.1
宿迁	26.9	45.5	25.1	31.2	7.7	21.6	26.5	25.0	0.0	23.1	35.3	10.9	21.7	22.9
淮安	50.0	51.4	31.9	17.2	10.9	20.6	29.4	43.5	40.5	40.0	19.1	9.7	19.5	30.1
连云港	73.8	51.9	34.6	45.9	6.5	21.8	35.6	66.7	40.0	44.0	43.0	4.0	21.8	36.8
杭州	53.6	66.5	63.4	62.5	10.5	23.9	50.2	63.6	65.4	60.3	57.3	9.2	23.6	49.3
绍兴	43.7	47.3	50.8	39.6	16.3	17.9	39.7	31.0	48.9	40.0	45.8	14.8	10.9	35.6
宁波	64.2	62.1	65.7	39.8	6.7	25.4	44.8	57.5	72.8	58.0	34.1	4.3	22.2	42.5
温州	51.3	54.7	51.5	49.1	22.1	20.0	45.9	42.6	52.3	51.3	54.5	20.1	19.6	43.4
嘉兴	45.9	52.6	48.4	35.1	14.1	19.3	37.0	63.0	60.6	47.3	39.5	12.7	20.1	39.7
金华	45.7	46.1	37.4	53.1	19.6	23.3	40.6	42.9	48.0	33.7	49.3	16.3	24.9	39.0
台州	52.6	52.2	68.6	71.2	21.3	25.3	55.4	45.7	35.5	70.2	69.2	17.9	25.2	51.3
湖州	47.8	45.9	38.1	35.4	6.5	19.1	31.8	46.2	59.1	41.5	36.6	6.9	21.3	32.5
丽水	36.4	35.9	52.3	39.1	8.1	18.0	37.8	100.0	50.0	60.0	38.2	4.9	19.5	44.2

续表

	全部发明专利授权率						绿色发明专利授权率					
	2006年	2007年	2011年	2015年	2019年	2021年	平均值	2006年	2007年	2011年	2015年	2019年	2021年	平均值
衢州	56.7	41.7	42.5	57.7	14.0	21.7	44.0	73.7	22.2	46.4	55.7	5.6	19.2	42.8
舟山	43.9	33.3	57.7	40.5	10.5	31.6	44.0	50.0	100.0	58.1	40.5	12.7	28.2	53.9
青岛	53.5	47.8	52.2	21.9	7.8	24.2	33.2	39.9	50.3	44.2	35.2	9.1	27.0	33.8
济南	46.2	43.4	50.5	40.2	11.2	27.0	37.4	61.2	56.2	53.3	45.8	10.5	25.8	41.9
潍坊	37.3	44.7	46.4	30.3	10.7	32.4	35.9	31.7	54.2	61.0	32.7	13.1	32.5	38.6
烟台	31.4	28.4	36.3	30.1	9.7	31.3	28.5	23.3	29.2	35.7	46.8	8.4	29.4	33.3
东营	35.8	33.2	47.8	41.2	10.9	43.3	36.2	32.5	44.0	43.9	37.0	9.3	39.9	36.7
临沂	40.5	55.8	64.3	27.7	12.0	30.9	42.4	13.3	33.3	45.1	42.1	7.4	28.3	36.5
济宁	50.7	40.8	67.1	39.2	9.6	26.8	39.3	45.5	43.5	43.4	48.4	8.5	23.2	37.2
淄博	33.6	49.8	43.6	35.2	6.7	24.1	35.7	41.7	37.7	50.4	41.6	8.2	24.0	41.2
聊城	51.1	106.9	66.9	34.9	10.6	25.0	47.7	56.3	57.1	68.0	22.7	17.7	22.9	45.5
威海	33.0	26.8	43.1	20.3	8.3	30.6	26.4	19.2	21.7	35.0	17.8	8.1	30.8	25.5
泰安	35.7	27.3	13.4	38.6	7.4	22.9	21.7	40.0	36.8	27.5	43.8	8.2	22.8	30.9
德州	48.3	40.8	47.7	43.1	10.0	24.6	36.9	57.1	11.1	50.0	43.3	11.6	15.9	36.2
枣庄	46.6	35.8	32.9	34.0	7.7	20.9	28.9	76.9	29.2	37.8	46.4	5.0	24.0	35.3
泉州	51.8	47.8	54.7	71.0	8.2	20.8	44.9	62.5	37.5	43.5	56.4	8.5	16.3	40.4
福州	50.3	44.2	44.5	61.9	7.9	23.1	43.2	45.2	30.8	50.2	61.1	7.0	23.5	42.4

续表

	全部发明专利授权率						绿色发明专利授权率					
	2006年	2007年	2011年	2015年	2019年	2021年	平均值	2006年	2007年	2011年	2015年	2019年	2021年	平均值
厦门	59.7	59.5	56.3	60.3	8.0	18.3	45.6	56.9	69.9	47.8	58.9	10.0	21.0	44.0
漳州	57.6	40.8	34.0	36.9	5.3	17.4	36.8	50.0	33.3	56.0	43.1	9.3	19.4	43.9
龙岩	57.6	44.9	46.2	24.2	6.5	21.0	32.2	50.0	42.9	55.6	21.2	6.5	14.2	29.9
宁德	34.8	28.6	51.9	50.1	8.6	14.7	37.3	0.0	16.7	42.9	52.3	13.2	12.3	29.8
石家庄	49.6	51.8	61.0	56.8	6.8	23.3	46.2	39.5	38.2	53.5	50.0	7.4	21.6	40.3
保定	50.7	50.7	58.5	61.6	4.3	16.4	45.0	46.7	60.5	54.7	58.8	5.2	15.0	46.0
唐山	47.0	49.7	53.5	49.9	8.5	24.9	42.1	45.0	54.2	50.0	44.1	7.0	25.6	43.5
秦皇岛	40.9	38.5	52.0	47.6	25.5	37.5	44.9	22.6	15.4	39.5	51.6	14.1	34.2	37.3
廊坊	54.9	50.6	57.7	57.0	6.8	22.2	43.0	37.5	64.7	59.7	58.1	3.4	22.6	46.5
沧州	38.6	45.1	43.5	41.0	6.8	25.2	34.0	45.5	26.7	59.4	47.7	4.0	22.8	34.5
邯郸	54.5	47.4	48.9	31.9	5.1	23.5	34.5	32.0	47.6	44.4	31.4	3.3	21.3	29.2
邢台	50.0	22.2	57.3	41.1	9.2	23.4	38.0	16.7	0.0	30.8	26.7	10.0	24.7	22.9
天津	31.8	34.3	36.6	22.3	4.1	23.8	25.5	43.7	38.6	39.7	27.4	3.0	21.7	29.3
合肥	65.4	60.5	53.5	31.2	7.4	19.8	39.1	65.8	51.4	48.3	35.5	6.4	17.3	37.9
芜湖	57.5	54.5	47.2	21.2	5.6	14.1	31.6	63.2	62.3	51.7	18.1	4.4	12.6	34.9
马鞍山	62.1	65.6	61.6	25.1	10.8	19.5	40.2	57.1	53.8	59.6	31.2	6.6	17.4	40.6
蚌埠	59.6	54.7	31.8	11.6	4.8	14.2	27.6	66.7	50.0	23.2	14.0	3.2	13.4	27.9

续表

	全部发明专利授权率						绿色发明专利授权率					
	2006年	2007年	2011年	2015年	2019年	2021年	平均值	2006年	2007年	2011年	2015年	2019年	2021年	平均值
阜阳	57.1	45.1	39.6	9.1	11.8	16.2	29.4	40.0	33.3	21.6	15.6	10.6	12.4	19.9
滁州	28.6	50.9	40.6	10.7	13.2	15.3	27.5	100.0	66.7	20.6	10.8	7.7	11.9	25.4
六安	50.0	38.1	35.3	20.6	11.5	14.6	29.5	50.0	50.0	33.3	51.3	12.8	14.3	28.2
武汉	64.4	63.2	62.8	63.1	12.9	28.6	51.7	66.2	65.4	61.4	58.5	10.6	26.6	49.7
宜昌	38.6	33.3	45.6	32.3	11.8	27.8	27.7	54.5	42.9	43.1	42.4	6.1	28.5	33.9
襄阳	12.1	12.1	12.1	10.0	5.6	20.4	11.2	11.4	11.4	11.4	19.6	6.6	17.8	13.3
郑州	54.8	55.0	53.1	39.4	7.9	18.4	35.0	52.5	48.1	51.6	48.8	6.7	17.3	36.1
许昌	41.0	24.5	47.2	29.6	6.7	11.5	25.1	50.0	60.0	65.0	48.8	7.1	6.8	38.0
洛阳	56.6	56.0	59.5	43.5	8.2	18.6	42.7	58.6	44.0	51.4	33.1	7.9	19.8	38.5
长沙	40.6	48.9	59.5	56.0	12.0	33.0	45.2	58.7	54.5	49.0	53.5	10.4	29.6	44.0
株洲	52.8	52.4	63.4	63.8	9.7	31.6	48.6	47.2	48.8	65.7	70.1	11.4	32.0	49.6
湘潭	55.5	52.3	51.8	52.4	7.3	27.1	43.3	57.1	47.1	61.8	50.3	6.2	26.9	44.8
衡阳	29.0	26.7	50.9	18.8	4.5	21.8	29.8	0.0	17.6	58.8	25.2	4.9	22.3	32.0
南昌	46.2	46.8	43.3	37.1	7.4	28.2	36.2	51.6	56.1	48.2	36.9	6.7	29.4	38.4
太原	73.4	64.5	57.6	64.1	12.3	24.9	51.8	70.5	57.8	54.6	64.2	9.7	24.4	49.6
呼和浩特	58.1	53.1	55.5	49.2	7.7	18.5	41.8	66.7	37.5	52.1	51.2	8.7	20.2	39.5
成都	59.2	57.4	48.9	33.8	10.9	28.8	38.4	58.1	57.7	48.4	30.6	10.3	25.4	38.0

续表

	全部发明专利授权率							绿色发明专利授权率					
	2006年	2007年	2011年	2015年	2019年	2021年	平均值	2006年	2007年	2011年	2015年	2019年	2021年	平均值
绵阳	62.0	43.5	49.6	53.3	7.9	32.4	41.3	65.0	38.7	50.6	51.3	4.6	23.1	39.8
西安	63.8	64.2	44.4	60.2	11.7	24.5	42.6	52.3	58.4	38.2	54.4	9.6	19.4	38.1
重庆	58.2	60.3	38.4	20.8	10.1	22.0	35.9	38.0	51.5	43.2	27.4	8.2	19.2	37.5
昆明	59.3	52.9	50.3	45.4	5.3	19.3	40.6	69.1	46.2	52.4	49.1	5.9	21.2	42.1
南宁	41.9	47.8	51.0	24.2	4.8	19.2	32.5	45.2	43.2	45.5	38.2	6.3	19.0	34.8
兰州	49.4	48.0	52.6	42.6	7.8	24.1	39.5	50.0	49.1	53.1	41.9	9.0	22.7	39.5
贵阳	50.8	51.3	44.9	40.7	5.2	16.6	34.8	52.4	45.7	48.0	45.4	4.0	16.0	33.3
乌鲁木齐	46.8	55.0	49.2	40.8	3.9	17.5	38.3	51.7	52.9	53.4	48.7	4.6	14.1	42.2
银川	41.0	39.7	51.3	32.0	4.3	21.2	32.9	26.7	62.5	51.0	29.2	4.7	22.8	33.5
西宁	26.6	44.6	45.1	37.4	7.3	17.7	32.2	25.0	75.0	60.0	45.5	4.7	15.8	32.1
沈阳	50.6	44.8	41.5	34.1	8.7	18.7	33.5	51.6	38.9	41.2	38.6	6.3	15.0	33.1
大连	46.0	49.0	25.0	55.2	9.5	20.7	33.9	49.5	57.0	32.4	54.9	6.3	18.8	36.6
长春	54.9	49.8	55.3	57.0	13.2	28.6	45.7	46.6	50.4	52.7	52.0	9.7	25.8	42.9
吉林	43.6	44.2	51.9	39.9	9.4	19.3	35.2	50.0	66.7	45.6	38.9	6.0	27.2	40.0
哈尔滨	55.0	56.4	55.8	36.6	10.4	28.4	41.3	49.8	53.5	53.4	39.0	8.3	26.8	39.4

附表 4 "绿创百城"绿色实用新型专利申请数与占比情况

	绿色实用新型专利申请数（件）						绿色实用新型占绿色专利总数的比重（%）				
	2006年	2009年	2013年	2014年	2017年	2021年	2006年	2009年	2013年	2017年	2021年
北京	810	2069	5402	6332	9064	14154	30.5	32.9	34.8	31.8	27.7
上海	690	1794	2421	2791	6151	14750	33.4	40.4	35.9	41.2	44.6
深圳	517	1227	2353	2827	8013	16628	39.0	40.2	42.5	47.3	49.2
广州	275	485	1079	1475	5324	9434	45.6	39.0	37.6	44.7	40.4
东莞	109	393	716	798	3196	4886	71.7	68.2	55.6	63.3	69.2
佛山	147	289	523	694	2228	5004	54.9	65.8	58.0	43.3	67.6
珠海	69	149	316	320	1136	1920	57.5	59.1	54.1	54.4	46.6
中山	39	154	217	296	1163	1591	69.6	76.2	55.5	58.7	70.6
惠州	24	93	339	444	827	2279	70.6	60.0	45.9	40.6	99.6
江门	43	99	119	144	508	957	59.7	72.8	43.8	54.9	71.8
汕头	17	33	66	51	165	267	58.6	55.0	48.9	59.6	58.9
肇庆	8	20	87	66	193	391	80.0	83.3	70.2	43.4	24.3
南京	158	521	1252	1507	3450	8462	29.0	33.0	30.9	32.6	42.4
苏州	137	540	1965	2463	5017	12570	47.7	49.6	35.8	47.0	63.2
无锡	112	540	1182	1357	2754	6904	53.3	49.6	43.9	49.2	65.4
常州	71	355	816	946	1497	4652	54.2	62.1	44.2	44.6	67.8
徐州	45	110	301	423	597	2223	57.7	30.1	39.9	39.5	51.3
南通	88	183	400	408	941	2520	61.1	40.4	45.5	41.0	51.7
盐城	27	114	194	270	1230	2399	51.9	59.1	48.6	48.5	62.1
扬州	47	140	238	389	1178	2342	63.5	47.1	37.5	47.7	63.1
镇江	27	118	318	317	777	1298	34.6	41.3	26.8	29.0	48.5
泰州	32	92	199	253	959	1705	60.4	61.3	49.0	48.2	70.4
宿迁	3	26	94	121	530	1202	42.9	61.9	64.8	71.4	74.1
淮安	27	41	87	152	449	1098	54.0	51.9	40.7	52.0	65.0
连云港	17	42	67	108	348	890	73.9	52.5	46.9	59.7	65.1
杭州	260	813	1603	1883	3852	8458	40.2	49.9	48.9	46.0	41.7
绍兴	63	198	383	434	2605	2365	68.5	68.0	61.8	65.1	55.6

续表

	绿色实用新型专利申请数（件）						绿色实用新型占绿色专利总数的比重（%）				
	2006年	2009年	2013年	2014年	2017年	2021年	2006年	2009年	2013年	2017年	2021年
宁波	151	637	1416	1264	1669	3419	58.8	69.8	60.9	44.3	58.8
温州	99	248	684	794	1568	1830	61.9	72.1	77.6	60.6	56.5
嘉兴	58	187	468	525	1428	2512	68.2	73.0	63.1	57.0	59.5
金华	74	235	333	432	933	1648	77.9	86.1	69.5	53.7	59.1
台州	81	166	298	451	847	1230	63.8	70.3	65.6	63.6	58.8
湖州	31	144	364	465	1052	1133	54.4	62.9	60.3	49.8	55.1
丽水	6	26	105	134	320	569	85.7	70.3	78.9	62.3	65.3
衢州	19	47	94	161	555	554	50.0	69.1	63.1	78.2	60.0
舟山	3	3	140	151	155	179	60.0	27.3	69.3	36.6	43.3
青岛	149	406	705	967	2471	5680	51.9	61.3	21.4	44.4	56.1
济南	176	448	686	800	1741	6070	60.3	49.9	37.7	44.5	60.3
潍坊	61	165	383	440	1044	2832	59.8	71.7	63.4	59.0	70.4
烟台	47	110	218	260	553	1863	43.9	51.2	50.6	44.7	66.8
东营	52	83	143	198	336	988	56.5	61.0	67.8	67.5	60.4
临沂	42	75	124	159	464	1672	73.7	75.0	64.9	64.6	76.3
济宁	39	99	254	310	643	1598	78.0	75.6	73.6	65.8	76.8
淄博	57	158	228	322	496	1673	44.2	52.5	54.4	50.5	71.2
聊城	21	43	90	125	310	915	56.8	58.9	67.2	65.4	80.4
威海	35	45	71	110	271	876	57.4	44.1	48.3	52.5	69.2
泰安	54	88	149	143	350	1032	73.0	42.9	60.1	55.4	67.8
德州	22	80	94	166	273	1104	75.9	66.1	68.1	59.5	78.1
枣庄	10	40	99	129	278	733	43.5	50.0	55.0	61.0	74.3
泉州	22	144	468	479	1732	1728	73.3	71.3	74.4	69.0	68.5
福州	55	201	295	347	1294	2530	47.0	50.1	41.3	44.5	54.9
厦门	53	190	400	486	1373	2411	42.4	50.3	51.7	58.8	56.2
漳州	7	38	108	105	472	635	77.8	73.1	67.5	75.9	72.8
龙岩	14	36	107	84	371	664	77.8	50.0	70.9	77.5	72.4

续表

	绿色实用新型专利申请数（件）						绿色实用新型占绿色专利总数的比重（%）				
	2006年	2009年	2013年	2014年	2017年	2021年	2006年	2009年	2013年	2017年	2021年
宁德	5	17	46	53	155	399	83.3	63.0	71.9	43.3	62.1
石家庄	61	142	265	363	937	2484	61.6	60.2	56.6	59.2	59.1
保定	26	93	311	270	674	1917	36.6	56.0	48.1	59.4	63.0
唐山	35	86	153	164	526	1308	63.6	65.2	62.2	59.8	68.2
秦皇岛	27	46	54	69	200	429	46.6	59.7	49.5	48.9	53.0
廊坊	22	38	81	148	341	895	73.3	35.5	62.8	61.8	73.8
沧州	32	45	78	96	355	1028	74.4	76.3	69.0	81.4	78.5
邯郸	19	30	91	125	314	778	43.2	53.6	60.7	68.3	71.5
邢台	11	22	47	86	241	642	64.7	68.8	69.1	74.4	79.9
天津	305	596	1631	2056	5212	7022	40.0	46.5	43.4	57.3	61.1
合肥	53	163	625	819	2272	4870	40.2	39.4	49.4	29.2	48.1
芜湖	11	105	272	307	523	977	36.7	48.8	45.7	24.5	47.6
马鞍山	8	35	272	205	441	760	53.3	59.3	74.7	36.1	50.1
蚌埠	13	45	109	153	158	458	68.4	47.4	36.7	25.7	56.1
阜阳	4	11	67	62	240	448	44.4	78.6	38.1	29.4	49.4
滁州	9	15	96	163	228	875	90.0	55.6	49.5	27.1	55.7
六安	7	17	72	113	255	421	77.8	54.8	66.1	41.8	53.2
武汉	208	504	924	1178	2757	7328	43.9	45.2	43.3	41.7	46.8
宜昌	20	59	130	166	622	1060	47.6	51.8	56.5	57.2	66.7
襄阳	57	57	103	105	233	742	44.9	44.9	47.9	47.5	72.5
郑州	131	296	604	696	2337	4912	51.8	64.6	56.1	48.2	59.3
许昌	10	44	121	131	455	384	62.5	66.7	55.3	44.4	47.2
洛阳	35	103	261	326	553	973	54.7	55.4	48.9	57.2	65.6
长沙	103	249	592	818	1693	3603	46.0	42.2	43.0	32.9	45.5
株洲	40	81	246	275	411	587	52.6	54.4	55.4	37.3	49.6
湘潭	25	68	121	149	241	380	64.1	61.3	56.8	45.0	49.8
衡阳	10	27	69	70	162	298	71.4	50.9	50.4	54.5	52.2

续表

	绿色实用新型专利申请数（件）						绿色实用新型占绿色专利总数的比重（%）				
	2006年	2009年	2013年	2014年	2017年	2021年	2006年	2009年	2013年	2017年	2021年
南昌	46	101	194	253	899	1701	59.7	48.8	49.6	52.6	52.2
太原	69	106	240	315	649	1667	46.9	46.3	45.4	50.9	54.7
呼和浩特	7	21	74	109	299	825	31.8	55.3	43.8	62.4	57.1
成都	278	682	1408	1493	4014	6093	57.8	58.4	45.4	34.8	49.6
绵阳	13	32	86	147	427	505	39.4	39.0	44.1	43.1	51.3
西安	123	404	1207	1089	2251	5684	49.0	41.4	35.6	33.8	47.6
重庆	258	501	1044	1403	2762	4770	68.1	54.8	53.7	53.6	48.5
昆明	62	149	302	466	1185	2709	36.0	41.0	40.3	49.5	53.6
南宁	35	56	195	274	588	1289	53.0	35.0	29.0	27.9	45.7
兰州	34	67	136	117	459	1116	43.6	40.1	37.9	49.1	51.2
贵阳	63	108	243	327	761	1218	50.0	51.9	51.4	53.3	44.2
乌鲁木齐	24	75	167	165	491	914	45.3	53.6	52.7	59.5	61.2
银川	13	19	62	83	339	840	46.4	45.2	23.9	57.7	56.1
西宁	7	16	20	43	187	528	46.7	38.1	25.0	53.0	57.4
沈阳	139	259	332	380	977	2510	38.6	41.8	31.3	43.2	57.9
大连	93	346	433	413	824	1939	32.6	50.1	23.1	40.1	57.0
长春	68	189	216	257	762	1767	48.2	50.1	40.1	42.7	46.1
吉林	28	41	48	64	84	241	60.9	57.7	42.5	34.1	48.4
哈尔滨	142	222	441	565	777	1819	38.5	37.8	35.0	40.0	48.0

附表5　　城市内专利权转让数及变动情况　　单位：件

	2006年	2007年	2009年	2011年	2013年	2015年	2017年	2019年	2021年	平均值
北京	603	547	1435	2160	4302	5461	6698	7541	11275	4535
上海	2	13	30	33	755	153	376	450	2847	398
深圳	3	9	23	24	73	323	194	203	6043	545
广州	2	17	19	25	25	35	241	363	2509	307

续表

	2006年	2007年	2009年	2011年	2013年	2015年	2017年	2019年	2021年	平均值
东莞	2	0	2	4	14	12	8	36	557	73
佛山	0	7	2	4	1	8	6	30	759	65
珠海	0	0	0	2	4	11	51	22	235	41
中山	0	0	0	0	9	5	10	16	270	27
惠州	0	0	0	2	0	21	27	4	88	15
江门	2	0	0	0	1	1	0	1	137	13
汕头	0	0	0	1	3	1	0	7	48	9
肇庆	0	0	0	0	0	0	1	10	77	9
南京	0	1	48	3	69	60	55	77	1839	247
苏州	3	6	7	4	34	51	121	98	2628	222
无锡	1	0	0	9	26	19	44	128	749	89
常州	0	0	4	1	6	21	30	63	787	83
徐州	1	0	1	1	38	19	9	20	692	78
南通	0	28	4	0	64	4	19	12	1120	74
盐城	0	0	1	0	31	2	14	25	1077	54
扬州	0	0	1	2	0	3	10	25	232	43
镇江	0	0	0	0	10	6	22	7	510	43
泰州	0	0	0	2	11	11	8	20	459	27
宿迁	2	0	0	0	8	0	4	2	244	20
淮安	1	0	2	1	3	2	12	12	134	17
连云港	5	0	1	0	6	0	33	10	131	14
杭州	0	6	0	8	70	41	30	98	2255	246
绍兴	4	0	10	1	12	10	112	232	1075	123
宁波	2	0	0	6	7	85	81	55	852	108
温州	0	0	1	2	24	18	82	96	1129	100
嘉兴	0	0	1	6	2	2	22	24	554	67
金华	2	0	0	0	10	4	13	15	419	56
台州	0	1	1	0	8	32	37	46	528	52

续表

	2006年	2007年	2009年	2011年	2013年	2015年	2017年	2019年	2021年	平均值
湖州	0	0	0	1	7	0	34	65	863	38
丽水	0	0	0	0	2	2	3	23	77	12
衢州	3	1	0	0	0	0	16	8	92	9
舟山	0	0	0	0	0	0	1	8	28	4
青岛	1	62	3	16	6	44	71	36	875	117
济南	6	2	26	13	170	38	30	155	850	101
潍坊	0	0	7	2	19	0	53	27	291	33
烟台	0	1	1	1	34	4	5	60	277	32
东营	3	1	5	3	4	174	4	14	127	32
临沂	2	0	0	4	8	1	1	5	216	30
济宁	0	1	1	2	4	0	10	4	260	22
淄博	1	77	0	7	44	19	8	4	187	21
聊城	0	0	0	0	5	1	0	11	94	20
威海	0	0	1	2	7	2	9	7	197	17
泰安	0	0	5	1	7	0	1	4	268	16
德州	3	0	0	0	14	9	41	54	50	14
枣庄	0	0	0	1	4	0	0	4	115	9
泉州	0	0	3	5	64	21	170	277	722	97
福州	0	1	5	20	93	39	21	32	409	66
厦门	0	1	0	6	13	5	19	1	324	43
漳州	4	0	0	0	0	5	9	10	102	15
龙岩	2	0	0	0	3	4	15	31	39	11
宁德	1	0	0	0	0	13	0	2	69	9
石家庄	0	0	8	25	205	14	35	73	206	61
保定	1	1	4	4	66	7	37	45	110	32
唐山	0	1	4	2	52	9	3	18	86	24
秦皇岛	0	2	1	3	11	3	10	98	131	24
廊坊	0	0	6	20	26	19	31	44	65	21

续表

	2006年	2007年	2009年	2011年	2013年	2015年	2017年	2019年	2021年	平均值
沧州	0	0	1	0	3	2	2	25	34	19
邯郸	0	4	16	0	69	10	9	9	72	14
邢台	1	0	0	2	32	0	3	5	19	11
天津	0	0	12	13	304	65	173	169	1119	176
合肥	0	2	2	10	9	15	25	71	599	73
芜湖	1	0	0	0	5	0	9	14	479	50
马鞍山	0	0	0	11	16	0	4	1	152	43
蚌埠	0	0	0	2	0	8	16	116	585	19
阜阳	2	0	0	0	4	0	0	11	91	18
滁州	0	0	0	0	13	3	22	12	182	8
六安	0	0	0	2	0	4	4	6	60	7
武汉	0	1	9	24	38	35	30	92	929	130
宜昌	0	0	2	0	5	6	3	9	166	15
襄阳	0	0	0	0	1	2	2	11	55	7
郑州	2	0	4	2	194	21	22	45	245	56
许昌	0	0	0	0	47	12	0	16	19	28
洛阳	0	1	0	0	93	5	8	19	230	17
长沙	0	2	3	1	13	53	5	61	719	85
株洲	0	0	2	1	0	12	0	1	105	11
湘潭	2	1	0	3	0	1	0	2	53	7
衡阳	0	0	0	0	0	0	0	7	53	6
南昌	2	0	1	0	19	7	3	15	248	29
太原	0	23	2	5	49	4	20	30	228	39
呼和浩特	0	0	2	0	2	3	2	8	25	10
成都	4	7	12	15	17	72	122	152	1121	144
绵阳	0	0	0	0	13	0	1	2	238	20
西安	16	1	19	1	9	9	75	57	1470	154
重庆	0	12	5	14	15	24	14	73	1466	132

续表

	2006年	2007年	2009年	2011年	2013年	2015年	2017年	2019年	2021年	平均值
昆明	0	3	1	0	5	12	9	5	171	26
南宁	0	0	4	2	0	1	6	8	259	25
兰州	0	1	9	5	31	7	8	27	107	24
贵阳	0	0	5	10	11	2	3	16	204	22
乌鲁木齐	3	0	0	6	16	13	0	19	87	21
银川	1	0	0	1	3	2	22	2	106	19
西宁	11	0	0	0	42	1	3	2	23	17
沈阳	0	1	23	34	44	19	21	37	403	68
大连	0	2	6	15	4	38	21	27	309	55
长春	0	0	1	5	16	24	30	79	247	35
吉林	0	0	0	1	18	2	2	10	23	12
哈尔滨	0	2	10	4	56	24	50	91	849	79

附表6　　城市间绿色发明专利合作申请数　　单位：件、%

	2006年	2007年	2009年	2011年	2013年	2015年	2017年	2019年	2021年	平均值	平均增速
北京	434	584	944	1788	4495	5365	5234	4920	10066	4140	23.30
上海	158	237	339	412	469	628	804	931	2074	710	18.70
深圳	175	212	389	800	1214	472	650	671	992	634	12.30
广州	36	53	105	135	322	417	700	1734	1803	621	29.80
东莞	6	8	19	40	191	39	93	82	361	101	31.40
佛山	69	32	13	35	75	255	333	247	533	172	14.60
珠海	3	7	7	18	28	35	54	221	373	76	37.90
中山	0	3	7	5	9	19	38	25	100	26	—
惠州	0	0	7	10	17	9	28	31	139	26	—
江门	0	3	6	3	2	8	18	18	81	15	—
汕头	0	1	5	3	3	5	4	16	133	16	—
肇庆	0	0	1	0	0	9	23	19	83	14	—

续表

	2006年	2007年	2009年	2011年	2013年	2015年	2017年	2019年	2021年	平均值	平均增速
南京	41	51	111	193	321	729	983	1492	2001	729	29.60
苏州	9	26	75	204	169	222	262	279	672	227	33.30
无锡	10	10	45	71	36	79	102	110	312	94	25.80
常州	8	10	27	60	67	87	93	117	182	83	23.20
徐州	2	3	26	22	17	17	38	65	116	34	31.10
南通	2	2	20	18	16	56	62	62	135	45	32.40
盐城	1	3	2	7	17	20	49	99	133	41	38.50
扬州	1	5	34	42	34	40	45	63	127	47	38.10
镇江	3	1	11	29	34	28	59	95	120	45	27.90
泰州	0	1	4	5	8	7	42	26	79	24	—
宿迁	0	0	1	5	2	5	24	34	25	12	—
淮安	0	0	3	5	1	26	20	27	39	15	—
连云港	1	0	4	6	7	11	27	22	48	19	29.40
杭州	26	38	73	114	180	226	525	809	1678	433	32.00
绍兴	1	9	4	16	29	34	30	64	131	45	38.40
宁波	6	7	17	5	33	77	79	185	387	102	32.00
温州	5	6	8	19	11	12	37	51	110	36	22.90
嘉兴	2	8	6	7	29	62	103	173	234	78	37.40
金华	1	0	5	4	3	26	61	56	213	39	43.00
台州	5	1	19	17	22	29	35	62	49	31	16.40
湖州	1	4	5	7	10	24	35	27	92	26	35.20
丽水	0	1	0	1	5	9	11	13	40	8	—
衢州	2	3	2	2	4	8	10	12	40	11	22.10
舟山	1	0	2	1	4	3	9	15	11	7	17.30
青岛	20	25	17	51	87	92	295	342	500	170	23.90
济南	6	14	28	44	89	213	337	333	747	225	37.90
潍坊	1	1	4	2	10	56	61	108	169	45	40.80
烟台	0	2	3	10	11	50	63	53	115	40	—
东营	1	1	2	6	12	85	41	48	243	54	44.20

续表

	2006年	2007年	2009年	2011年	2013年	2015年	2017年	2019年	2021年	平均值	平均增速
临沂	1	2	1	5	8	38	32	64	46	20	29.10
济宁	1	1	5	9	11	28	53	69	104	30	36.30
淄博	7	5	2	10	6	35	57	49	68	27	16.40
聊城	3	1	0	2	5	5	14	15	98	26	26.20
威海	1	1	0	1	6	7	30	49	88	18	34.80
泰安	2	1	6	5	3	9	25	29	81	22	28.00
德州	1	0	2	6	2	11	39	10	40	14	27.90
枣庄	0	2	4	3	1	25	26	31	35	12	—
泉州	1	3	3	5	6	16	24	43	69	20	32.60
福州	2	16	55	25	45	68	188	205	334	112	40.70
厦门	7	5	23	23	32	36	89	162	315	80	28.90
漳州	0	1	2	4	3	1	21	42	113	21	—
龙岩	0	0	1	0	3	1	10	16	35	9	—
宁德	1	2	0	0	3	1	5	8	29	8	25.20
石家庄	1	5	7	12	17	23	91	248	799	149	56.10
保定	7	7	4	13	20	24	50	48	333	62	29.40
唐山	0	2	4	10	5	10	34	70	74	24	—
秦皇岛	1	0	3	2	2	6	9	33	54	12	30.50
廊坊	1	1	0	18	1	8	13	21	72	18	33.00
沧州	0	0	0	3	3	14	9	61	65	18	—
邯郸	2	1	0	0	2	4	12	36	63	15	25.90
邢台	0	0	1	2	2	0	6	32	69	15	—
天津	26	30	63	68	128	391	398	529	1097	320	28.30
合肥	2	3	16	32	26	117	218	307	569	151	45.70
芜湖	0	0	0	5	7	17	51	46	86	29	—
马鞍山	1	0	2	3	10	14	34	54	98	27	35.80
蚌埠	0	1	2	4	9	5	5	14	23	10	—
阜阳	0	1	1	2	1	5	5	10	38	7	—
滁州	0	0	7	8	3	6	5	9	26	10	—

续表

	2006年	2007年	2009年	2011年	2013年	2015年	2017年	2019年	2021年	平均值	平均增速
六安	1	0	1	1	2	5	10	7	11	5	17.30
武汉	20	30	55	81	118	166	330	495	1046	291	30.20
宜昌	4	1	10	2	5	20	30	20	39	14	16.40
襄阳	9	9	9	9	8	20	19	9	8	13	-0.80
郑州	16	8	18	37	39	78	170	294	527	137	26.20
许昌	5	5	6	28	54	154	231	149	112	95	23.00
洛阳	7	4	3	17	53	40	31	46	69	33	16.50
长沙	14	20	33	100	106	107	240	452	707	197	29.90
株洲	2	4	6	6	9	9	27	25	56	17	24.90
湘潭	0	1	2	7	11	3	12	50	21	11	—
衡阳	0	2	6	3	7	3	3	8	22	7	—
南昌	3	1	6	8	14	38	163	142	286	78	35.50
太原	4	4	19	22	17	43	65	109	236	61	31.20
呼和浩特	4	3	2	2	12	12	51	86	169	36	28.30
成都	23	18	42	61	72	169	229	365	950	233	28.20
绵阳	2	3	2	7	3	10	25	32	99	20	29.70
西安	7	11	32	48	78	107	136	390	991	211	39.10
重庆	18	20	38	88	83	134	233	288	554	166	25.70
昆明	10	15	15	33	79	113	153	135	166	88	20.60
南宁	1	9	10	24	62	47	55	75	160	51	40.30
兰州	9	12	8	15	23	56	70	119	175	60	21.90
贵阳	3	8	8	14	33	65	67	52	138	44	29.10
乌鲁木齐	2	4	7	8	14	42	70	123	300	71	39.70
银川	1	1	1	4	11	30	41	63	174	42	41.00
西宁	1	1	5	1	31	21	47	78	240	53	44.10
沈阳	21	13	25	38	48	70	210	204	460	130	22.80
大连	10	13	21	45	66	54	78	69	270	90	24.60
长春	8	6	15	13	29	31	64	86	166	51	22.40
吉林	0	3	2	6	7	8	13	30	94	25	—
哈尔滨	27	29	30	38	45	53	73	103	204	68	14.40

附表7　　　　　　　　绿色发明专利申请合作城市数量　　　　　　单位：个

	2006年	2007年	2009年	2011年	2013年	2015年	2017年	2019年	2021年	平均值	平均增幅
北京	32	40	69	95	205	227	245	240	273	162	16
上海	16	20	38	55	65	84	92	133	144	68	9
深圳	4	10	22	27	41	50	72	98	104	46	7
广州	5	11	27	27	42	55	61	88	92	45	6
东莞	2	2	4	6	12	8	24	35	31	13	2
佛山	0	1	3	8	14	17	18	30	37	14	2
珠海	0	1	1	6	16	13	20	39	51	14	3
中山	0	0	0	3	2	6	5	7	13	4	1
惠州	0	0	2	6	5	7	13	14	17	6	1
江门	1	3	1	3	3	7	6	9	13	5	1
汕头	0	0	1	1	0	2	3	14	15	3	1
肇庆	0	0	2	0	1	4	8	7	13	3	1
南京	9	7	24	42	58	87	93	113	137	61	9
苏州	4	5	11	15	14	24	34	56	70	25	4
无锡	6	5	14	14	16	23	33	50	57	23	3
常州	2	3	13	10	10	11	20	29	34	15	2
徐州	0	0	1	3	10	9	18	23	46	10	3
南通	3	2	5	7	8	12	18	30	35	12	2
盐城	1	2	2	4	4	7	11	17	19	7	1
扬州	1	5	4	9	8	13	14	30	29	12	2
镇江	3	1	9	8	13	8	13	21	31	13	2
泰州	1	1	3	0	4	5	5	14	16	6	1
宿迁	0	0	0	2	3	3	5	5	7	3	0
淮安	0	0	1	2	2	6	8	8	14	5	1
连云港	2	1	1	4	6	7	11	18	15	7	1
杭州	9	12	16	21	38	45	58	83	95	40	6
绍兴	2	4	5	7	7	11	10	21	27	11	2
宁波	5	3	6	7	6	15	20	30	36	13	2
温州	1	3	3	4	6	5	11	14	28	8	2

续表

	2006年	2007年	2009年	2011年	2013年	2015年	2017年	2019年	2021年	平均值	平均增幅
嘉兴	0	3	4	4	9	14	15	25	31	11	2
金华	0	0	2	2	5	7	10	16	26	7	2
台州	1	1	4	1	2	5	12	15	12	7	1
湖州	2	2	2	1	5	13	13	13	26	7	2
丽水	0	1	0	2	5	2	5	9	9	3	1
衢州	1	2	1	3	3	6	5	8	13	4	1
舟山	0	0	1	1	3	6	4	11	5	4	0
青岛	5	7	4	8	21	23	45	55	76	26	5
济南	2	3	9	10	23	45	47	51	70	27	5
潍坊	0	0	1	3	4	9	8	20	27	7	2
烟台	0	0	1	3	9	12	20	20	37	11	2
东营	1	1	5	1	6	14	18	26	32	10	2
临沂	0	1	0	1	3	11	12	17	25	5	2
济宁	0	0	3	6	5	7	11	19	22	7	1
淄博	1	1	0	4	7	9	13	22	23	9	1
聊城	0	0	1	2	4	14	20	26	25	9	2
威海	1	0	2	1	3	4	10	11	16	4	1
泰安	2	0	1	2	3	8	10	13	26	7	2
德州	1	1	0	3	3	2	8	9	15	4	1
枣庄	0	0	3	2	5	4	10	7	15	3	1
泉州	0	1	0	3	4	6	10	16	14	5	1
福州	1	3	4	4	19	24	31	36	44	19	3
厦门	2	2	6	8	14	15	24	28	45	15	3
漳州	0	0	0	2	3	5	6	9	12	4	1
龙岩	1	0	0	0	2	2	4	11	9	3	1
宁德	0	0	2	1	4	3	6	13	17	4	1
石家庄	2	1	6	6	12	24	22	37	44	17	3
保定	1	1	2	8	18	23	26	42	47	17	3
唐山	0	0	3	4	4	7	12	15	26	6	2

续表

	2006年	2007年	2009年	2011年	2013年	2015年	2017年	2019年	2021年	平均值	平均增幅
秦皇岛	0	0	1	1	1	4	7	16	13	5	1
廊坊	1	1	1	2	2	3	6	15	16	5	1
沧州	0	0	3	3	3	3	4	12	11	3	1
邯郸	0	0	1	1	4	1	5	10	16	4	1
邢台	0	0	0	1	6	5	7	9	13	4	1
天津	2	9	14	19	30	35	61	74	96	35	6
合肥	0	1	7	11	18	34	59	66	84	28	6
芜湖	0	0	0	2	3	7	6	21	23	6	2
马鞍山	1	0	1	1	2	3	10	19	22	6	1
蚌埠	0	0	2	3	3	5	5	6	9	4	1
阜阳	0	0	1	1	0	1	2	8	11	2	1
滁州	0	0	1	0	1	4	3	9	10	3	1
六安	0	0	0	1	1	2	4	4	6	2	0
武汉	5	8	17	18	53	60	76	113	109	49	7
宜昌	0	0	2	1	4	11	10	18	21	6	1
襄阳	0	0	1	1	4	3	4	6	6	3	0
郑州	0	0	11	17	22	30	42	54	63	26	4
许昌	0	0	2	6	12	19	29	30	19	14	1
洛阳	3	1	4	6	4	6	7	13	22	6	1
长沙	3	4	11	18	19	36	46	62	78	30	5
株洲	1	2	2	3	5	8	9	12	15	6	1
湘潭	0	0	2	2	4	7	8	14	12	5	1
衡阳	0	0	4	1	1	3	3	10	12	3	1
南昌	3	0	9	6	12	22	27	30	45	16	3
太原	0	2	7	5	10	27	24	37	59	17	4
呼和浩特	0	0	2	0	3	7	20	26	34	8	2
成都	7	5	10	16	32	44	46	81	100	36	6
绵阳	1	1	0	5	2	3	11	18	27	5	2
西安	1	3	21	17	37	47	65	71	113	40	7

续表

	2006年	2007年	2009年	2011年	2013年	2015年	2017年	2019年	2021年	平均值	平均增幅
重庆	1	3	9	9	22	39	29	57	73	25	5
昆明	4	3	9	10	23	25	39	45	52	23	3
南宁	0	0	2	7	18	16	13	24	39	12	3
兰州	0	1	4	5	23	21	25	42	47	16	3
贵阳	1	4	6	6	15	19	21	24	34	13	2
乌鲁木齐	0	0	4	4	7	19	20	42	47	16	3
银川	0	2	3	3	9	18	22	31	36	13	2
西宁	2	0	0	2	7	18	22	30	41	12	3
沈阳	4	8	5	13	21	30	47	54	58	26	4
大连	3	5	9	9	16	16	23	40	53	18	3
长春	1	5	2	8	11	9	27	26	41	14	3
吉林	1	1	0	6	8	13	20	28	29	11	2
哈尔滨	2	2	9	8	11	16	21	32	57	15	4

附表8 城市之间绿色发明专利申请合作强度　　　　　　单位：件

	2006年	2007年	2009年	2011年	2013年	2015年	2017年	2019年	2021年
北京	14	15	14	19	22	24	21	21	37
上海	44	21	18	30	30	9	9	7	10
深圳	10	12	9	7	7	7	9	7	14
广州	7	5	4	5	8	8	11	20	20
东莞	5	7	5	5	6	8	11	13	15
佛山	3	3	5	5	5	5	9	10	18
珠海	2	5	7	14	12	9	8	5	10
中山	3	4	4	4	2	4	5	5	10
惠州	4	4	3	5	2	3	4	4	10
江门	13	3	5	4	4	11	7	7	11
汕头	7	4	2	3	2	2	2	5	9
肇庆	0	3	2	3	1	3	4	5	7
南京	18	7	4	10	4	3	8	5	8

续表

	2006年	2007年	2009年	2011年	2013年	2015年	2017年	2019年	2021年
苏州	2	2	3	5	2	3	3	2	5
无锡	5	5	3	6	6	3	5	7	9
常州	4	4	4	6	4	4	7	6	7
徐州	3	5	3	4	4	5	7	7	11
南通	1	2	1	2	4	3	3	3	5
盐城	0	0	2	2	2	3	4	5	8
扬州	3	4	5	7	16	5	4	2	12
镇江	1	2	3	1	6	5	4	6	11
泰州	0	32	4	4	5	15	19	8	14
宿迁	0	3	0	2	2	3	2	3	5
淮安	5	2	3	5	2	2	3	4	4
连云港	2	5	14	6	2	3	6	6	8
杭州	0	3	2	2	3	4	7	7	8
绍兴	0	7	7	3	2	3	3	6	7
宁波	3	5	2	3	3	5	4	3	3
温州	4	3	2	6	7	8	5	4	5
嘉兴	4	3	4	3	2	2	4	6	7
金华	5	2	5	3	2	2	4	4	8
台州	0	0	3	2	1	4	6	4	8
湖州	0	0	26	7	2	2	2	3	3
丽水	5	1	5	17	11	6	3	4	4
衢州	1	5	1	2	1	1	4	7	18
舟山	1	1	4	3	2	5	3	2	4
青岛	14	15	3	5	4	3	3	3	4
济南	1	2	3	7	2	2	3	2	4
潍坊	0	0	4	1	3	6	8	5	6
烟台	8	1	8	2	3	3	2	3	4
东营	1	2	1	2	4	3	4	6	7
临沂	1	1	9	5	4	3	3	2	4
济宁	1	0	1	1	1	2	6	5	6
淄博	3	3	2	5	4	3	3	2	5

续表

	2006年	2007年	2009年	2011年	2013年	2015年	2017年	2019年	2021年
聊城	0	12	2	3	1	3	3	3	4
威海	0	0	0	2	5	3	8	4	8
泰安	0	2	3	4	2	2	3	3	4
德州	1	1	1	4	3	4	5	5	4
枣庄	0	1	1	0	2	1	8	2	5
泉州	0	0	4	2	3	1	2	2	279
福州	0	0	0	3	2	2	9	2	4
厦门	7	7	2	2	1	1	2	1	7
漳州	0	0	3	3	1	4	3	3	3
龙岩	3	2	1	2	2	3	3	2	4
宁德	0	0	5	3	3	3	4	3	4
石家庄	1	0	2	3	5	5	3	3	4
保定	1	1	0	6	2	6	2	2	8
唐山	0	2	0	5	3	3	3	4	2
秦皇岛	0	0	2	2	2	4	5	4	5
廊坊	0	0	2	2	2	2	4	3	6
沧州	0	0	1	1	3	1	1	2	3
邯郸	7	5	0	3	1	4	4	2	3
邢台	0	0	5	2	1	2	3	1	2
天津	0	1	0	1	1	5	2	1	4
合肥	0	0	3	5	5	8	8	5	6
芜湖	0	0	0	2	1	0	4	5	9
马鞍山	0	0	0	1	1	0	1	1	4
蚌埠	0	0	1	3	1	1	3	5	3
阜阳	2	4	1	3	13	7	4	4	3
滁州	0	1	6	1	1	1	3	2	6
六安	2	2	3	2	2	1	3	2	4
武汉	2	3	0	1	2	3	2	2	4
宜昌	0	0	1	4	3	0	2	4	2
襄阳	0	0	3	2	2	2	1	2	4
郑州	0	3	0	1	1	1	1	1	3

续表

	2006年	2007年	2009年	2011年	2013年	2015年	2017年	2019年	2021年
许昌	1	0	0	1	4	1	2	3	6
洛阳	1	0	0	1	2	2	3	4	6
长沙	0	1	0	1	1	2	2	2	5
株洲	1	0	6	3	1	1	3	2	3
湘潭	2	2	2	1	1	1	2	2	3
衡阳	0	0	0	0	2	1	3	1	4
南昌	1	1	0	9	1	3	2	1	5
太原	0	0	1	0	4	2	3	3	5
呼和浩特	0	0	1	3	1	2	5	7	4
成都	0	0	3	3	1	4	3	3	3
绵阳	0	0	1	2	0	5	3	1	3
西安	0	0	2	1	1	1	2	1	2
重庆	0	0	2	3	7	1	1	1	2
昆明	0	0	0	1	1	5	2	5	6
南宁	0	0	5	3	0	3	1	1	9
兰州	0	0	7	0	3	2	2	1	3
贵阳	1	0	4	2	1	2	2	1	3
乌鲁木齐	0	0	1	0	0	2	3	3	6
银川	0	0	0	0	1	4	2	4	4
西宁	0	0	9	9	2	7	5	2	1
沈阳	1	0	0	2	1	6	5	1	3
大连	0	0	1	2	0	6	3	4	2
长春	0	0	0	1	2	3	3	2	2
吉林	0	0	0	2	0	0	1	4	5
哈尔滨	0	0	0	0	1	0	1	1	2

参考文献

中共中央宣传部、中华人民共和国生态环境部:《习近平生态文明思想学习纲要》,学习出版社、人民出版社 2022 年版。

董敏杰、李钢、梁泳梅:《中国工业环境全要素生产率的来源分解——基于要素投入与污染治理的分析》,《数量经济技术经济研究》2012 年第 2 期。

胡凯、王炜哲:《如何打通高校科技成果转化的"最后一公里"?——基于技术转移办公室体制的考察》,《数量经济技术经济研究》2023 年第 4 期。

李平:《环境技术效率、绿色生产率与可持续发展:长三角与珠三角城市群的比较》,《数量经济技术经济研究》2017 年第 11 期。

龙小宁、王俊:《中国专利激增的动因及其质量效应》,《世界经济》2015 年第 6 期。

毛昊、陈大鹏、尹志锋:《中国专利保护"双轨制"路径完善的理论分析与实证检验》,《中国软科学》2019 年第 9 期。

齐绍洲、林屾、崔静波:《环境权益交易市场能否诱发绿色创新?——基于我国上市公司绿色专利数据的证据》,《经济研究》2018 年第 12 期。

孙博文:《建立健全生态产品价值实现机制的瓶颈制约与策略选择》,《改革》2022 年第 5 期。

孙博文、张友国:《中国绿色创新指数的分布动态演进与区域差异》,《数量经济技术经济研究》2022年第1期。

孙博文、张友国:《中国绿色创新指数的分布动态演进与区域差异》,《数量经济技术经济研究》2022年第1期。

陶锋、赵锦瑜、周浩:《环境规制实现了绿色技术创新的"增量提质"吗——来自环保目标责任制的证据》,《中国工业经济》2021年第2期。

席鹏辉:《财政激励、环境偏好与垂直式环境管理——纳税大户议价能力的视角》,《中国工业经济》2017年第11期;韩超、张伟广、冯展斌:《环境规制如何"去"资源错配——基于中国首次约束性污染控制的分析》,《中国工业经济》2017年第4期。

徐佳、崔静波:《低碳城市和企业绿色技术创新》,《中国工业经济》2020年第12期。

徐佳、崔静波:《低碳城市和企业绿色技术创新》,《中国工业经济》2020年第12期。

张友国:《碳达峰、碳中和工作面临的形势与开局思路》,《行政管理改革》2021年第3期。

张友国、窦若愚、白羽洁:《中国绿色低碳循环发展经济体系建设水平测度》,《数量经济技术经济研究》2020年第8期。

Amore M. D., Bennedsen M., "Corporate Governance and Green Innovation", *Journal of Environmental Economics and Management*, No. 75, 2016;齐绍洲、林屾、崔静波:《环境权益交易市场能否诱发绿色创新?——基于我国上市公司绿色专利数据的证据》,《经济研究》2018年第12期。

Beltrán-Esteve M., Picazo-Tadeo A. J., "Assessing Environmental Performance Trends in the Transport Industry: Eco-Innovation or Catching-Up?", *Energy Economics*, No. 51, 2015.

Christoffersen J., Plenborg T., Robson M. J., "Measures of Strategic Alliance Performance, Classified and Assessed", *International*

Business Review, Vol. 23, No. 3, 2014.

Dagum, C., "A New Approach to the Decomposition of the Gini Income Inequality Ratio", in *Income Inequality, Poverty, and Economic Welfare*, Physica-Verlag HD, 1998.

De Faria P., Lima F., Santos R., "Cooperation in Innovation Activities: The Importance of Partners", *Research Policy*, Vol. 39, No. 8, 2010.

Duranton J., Puga D., "Micro-foundation of Urban Agglomeration Economies", In Henderson V. J. and Thisse J. F. (eds), *Handbook of Regional and Urban Economics*, Elsevier, 2004.

Hu A. G., Jefferson G. H., "A Great Wall of Patents: What is Behind China's Recent Patent Explosion?", *Journal of Development Economics*, Vol. 90, No. 1, 2009.

Kneller R., Manderson E., "Environmental Regulations and Innovation Activity in UK Manufacturing Industries", *Resource and Energy Economics*, Vol. 34, No. 2, 2012.

Rennings K., "Redefining Innovation—Eco-Innovation Research and the Contribution from Ecological Economics", *Ecological Economics*, Vol. 32, No. 2, 2000; Fichter K., Clausen J., "Diffusion of Environmental Innovations: Sector Differences and Explanation Range of Factors", *Environmental Innovation and Societal Transitions*, No. 38, 2021.

Wasserman S., Faust K., *Social Network Analysis: Methods and Applications*, Cambridge University Press, 1994.

孙博文，经济学博士，中国社会科学院数量经济与技术经济研究所绿色创新经济研究室副主任、副研究员，中国社会科学院大学副教授、硕士生导师，北京大学光华管理学院应用经济学博士后。兼任《生态经济》杂志青年编委会主任委员。研究领域为绿色创新发展、绿色低碳经济理论与政策评估等。在《经济学》（季刊）、《数量经济技术经济研究》、*The Annals of Regional Science*、*Climatic Change* 等期刊上发表论文五十余篇。主持国家社会科学基金青年项目、国家自然科学基金青年项目及国家社会科学基金重大项目子项目多项。